THAILAND

Küchen der Welt

THAILAND

Thidavadee Camsong

Originalrezepte und Interessantes
über Land und Leute
Rezeptfotos: Foodphotography Eising

Birma
(Union
Myanmar)
Vietnam
Laos
Chiang Mai
Norden
Birma
(Union
Myanmar)
Nord-
osten
Zentral-
region
Bangkok
Kambodscha
Vietna
Golf von
Thailand
Süden
Andamanisches
Meer
Malaysia

INHALT

THAILAND: ERLEBEN UND GENIESSEN

Für Feinschmecker aus aller Welt ist Thailand ein verlockendes Paradies, das den Besucher dieses einzigartigen Landes fasziniert und zum Genießen einlädt. Gekocht wird in Thailand rund um die Uhr, und überall kann der Besucher auf kulinarische Entdeckungsreise gehen: in fliegenden Garküchen an den Straßenrändern, auf Märkten zu Wasser und zu Lande, auf jedem freien Platz, in schwimmenden Restaurants auf beleuchteten Booten, unter freiem Himmel in winzig kleinen oder riesig großen Lokalen oder aber in den eleganten und teuren Luxusrestaurants der großen Hotels. Überall wird gekocht, gebrutzelt, flambiert, fritiert, die Köche bereiten flink und liebevoll die köstlichen Gerichte meist ganz frisch zu. Selbst Kenner der thailändischen Küche stoßen immer wieder auf neue, ungeahnte Gaumenfreuden.

Die tropische Luft ist erfüllt vom Duft aromatischer Kräuter und Gewürze, und manchem Besucher gelingt es nach kurzer Zeit, Koriander, Basilikum, Zitronenblatt, gebratene Chilischoten, Minze oder Ingwer aus diesem wohlriechenden Potpourri zu identifizieren.

Die thailändische Küche kann sich mit den besten der Welt messen, viele ihrer Fans behaupten sogar, sie sei die allerbeste. Jedenfalls bietet sie sowohl eine große Vielfalt an verlockenden Gerichten als auch eine spannende Mischung von völlig unterschiedlichen Geschmacksrichtungen. Denn Thailand ist ein überaus fruchtbares Land mit einer schier unglaublichen Vielfalt köstlicher Naturprodukte: Das tropische Klima läßt Gemüse, Obst und Kräuter in verschwenderischer Fülle sprießen. Ananas, Bananen, Kokosnüsse, Chilischoten, Ingwer – um eine kleine Auswahl zu nennen – sorgen für immer wieder andere Geschmacksnuancen. Die Zutaten, aber auch die Zubereitungsarten sind so mannigfaltig, daß jedes thailändische Gericht ein neues anregendes Erlebnis bietet. Die Thais sind wahre Genießer, sie lieben gutes Essen über alles und können sich stundenlang darüber unterhalten, was sie zuletzt gegessen haben oder was sie gerade essen und wie sie ein Gericht zubereiten. Ist dieses Thema ausgiebig diskutiert worden, bietet sich gleich ein neues an: Was wird als nächstes gegessen? In Thailand ißt man nicht nur, um satt zu werden, sondern das Essen ist Teil der thailändischen Kultur und Lebenskunst und wurde im Laufe der Jahrhunderte immer weiter verfeinert. Darüber hinaus ist es Grundlage für »Sanuk«, ein wichtiges und allgegenwärtiges Wort, das man am besten mit Spaß übersetzen kann. Gegessen wird am liebsten in großer Runde – übrigens nicht mit Stäbchen, sondern mit Löffel und Gabel. Messer werden nicht gebraucht, da die Zutaten vor dem Garen in mundgerechte Stücke geschnitten werden.

Thais bevorzugen extrem scharfe Speisen, sind aber beim Würzen relativ flexibel. Die Mengenangaben für die Scharfmacher sind in diesem Buch bereits dem europäischen Geschmacksempfinden angepaßt worden.

Dieses Buch möchte Ihnen das wunderbare Thailand und seine exotische Küche näherbringen. Das erste Kapitel erzählt Interessantes über das Land, seine Menschen, seine regionalen Besonderheiten und Feste. Danach folgen die Rezeptkapitel, die ausschließlich Originalrezepte enthalten. Alles gelingt ganz leicht mit den praktischen Schritt-für-Schritt-Beschreibungen. Die Rezepte werden durch Informationen, Tips, Varianten und bebilderte Kurzreportagen ergänzt.

Typisch thailändische Speisenkombinationen für Familien- und Festessen schließen sich dem Rezeptteil an. Das Glossar erklärt Ihnen wichtige Begriffe und Zutaten der thailändischen Küche.

Lassen Sie sich von diesem Buch ins Thailand der Tempel und Paläste, der Mönche und Buddhas, der Düfte und Farben und vor allem der kulinarischen Genüsse entführen.

LAND & LEUTE LADEN EIN...

Thailand, das ehemalige Königreich Siam im fernen Südostasien – heute in Reichweite komfortabler Non-Stop-Flüge –, beflügelt noch immer die Phantasie der Europäer. Worin besteht das Geheimnis seines exotischen Zaubers? Liegt es an der uralten Kultur, den prachtvollen Tempeln oder den lächelnden Buddhas? Seinen im Mondlicht glänzenden Lotusblumenteichen? Oder in seinen geheimnisvollen Ruinenstätten, seinen spiegelnden Reisfeldern? Vielleicht in den Dschungeln mit Affen, Elefanten, Bären und Tigern? Es mag für jeden etwas anderes sein, fest steht, daß kein Besucher sich dem besonderen Flair dieses Landes entziehen kann.

Das Königreich Thailand hat eine Fläche von 513 km² und erinnert in seiner Form ein bißchen an einen Elefantenkopf, dessen Rüssel von der langen Halbinsel im Süden gebildet wird. Etwa 56 Millionen Menschen leben hier. Thailands Nachbarn sind Birma (Union Myanmar) im Westen und Nordwesten, Laos im Norden, Kambodscha im Osten und Malaysia im Süden.

Zentrum des Landes ist die Ebene des Chao-Praya-Flusses, die im Norden und Westen von Hügel- und Bergland begrenzt wird. Der Nordosten des Landes ist trocken und vegetationsarm, die südliche Halbinsel hingegen bietet alle Üppigkeit tropischer Vegetation. Es gibt in Thailand drei Jahreszeiten, von März bis Mai ist es am heißesten, von Juni bis Oktober dauert die Regenzeit, und von Oktober bis Februar ist das Klima trocken und gemäßigt – die beste Reisezeit für Europäer.

Der unverwechselbare Charakter der Thais wurde in einer über 700 Jahre gewachsenen Treue zu Traditionen geprägt, die sich vor allem in einer tiefen, vom Buddhismus bestimmten Religiosität und einer aufrichtigen Verehrung und Liebe für den König äußert. Man spürt dies im Alltag auf Schritt und Tritt, aber auch in den zahlreichen religiösen und königlichen Zeremonien und Festen, die mit viel Freude begangen werden. Eine solche Betonung der kulturellen Kontinuität stellt sicher, daß historische Baudenkmäler einerseits und traditionelle Lebensart andererseits besonders bewahrt und in Ehren gehalten werden. Zugleich aber sind die Thais flexibel und anpassungsfähig. Sie haben sich weder in kultureller noch in kulinarischer Hinsicht den Einflüssen von Malayen, Chinesen, Indern, Indonesiern und sogar Portugiesen entzogen. So verschmelzen in Thailand auf wunderbare Weise seit Generationen überlieferte Rezepte mit den Zugaben anderer Völker zu einer der großen Küchen der Welt.

Die Ruinen des alten Königspalastes in Sukhothai sind einen Besuch wert.

Thailand – Land der Freien

Im 9. Jahrhundert werden im Norden des Landes die ersten Thai-Fürstentümer von Einwanderern aus China gegründet. Immer weiter ziehen die Thai-Völker nach Süden, besiedeln größere Landstriche und vereinen sich mit den ansässigen Völkern, den Mon, Lawa und Khmer. Von diesen bereits hochzivilisierten Völkern übernehmen die Thai-Völker die Religion, Kultur und Staatsverwaltung. 1238 erobern sie Sukhothai und gründen das erste Thai-Königreich. In den folgenden Jahrzehnten dehnt Sukhothai seine Macht auf beinahe das ganze Gebiet des heutigen Thailand aus. Im 14. Jahrhundert wird Ayutthaya Königsstadt, und das Königreich Siam, wie das Land jetzt heißt, wird der mächtigste Staat in Südostasien. In den folgenden Jahrhunderten führt Siam viele Kriege, aber es gelingt diesem Land durch diplomatisches und strategisches Geschick, niemals unterworfen und auch niemals von den Europäern kolonialisiert zu werden. Es ist das einzige Land in Südostasien, das auf fast 700 Jahre Freiheit zurückblicken kann – die Thais von heute sind zu Recht stolz darauf. 1939 wird das Königreich Siam offiziell in Thailand umbenannt, in der Landessprache heißt es Muang Thai, was soviel bedeutet wie »Land der Freien«.

All dies heißt aber nicht, daß die Thais von äußeren Einflüssen unberührt geblieben sind. Sie haben auf tolerante Art und Weise Teile fremder Kulturen integriert und behutsam so verändert, daß sie letztendlich wieder thailändisch wurden. So ist die thailändische Kultur wie ein buntes Mosaik, aus vielen Steinchen zusammengesetzt, die ein geschlossenes Bild ergeben. Der Einfluß von China und Indien ist besonders in der Kunst zu spüren – jedes Kunstwerk basiert auf religiösen Vorstellungen und Überlieferungen. 95% der Thais sind Buddhisten, das religiöse Oberhaupt ist der König. Dadurch sind die Thais ihrer Religion noch stärker verbunden, was sie aber nicht verbissen macht, sondern im Gegenteil ihrem Leben etwas Leichtes, Sorgloses gibt. Die Thais sind gastfreundlich, höflich und ausgesprochen fröhlich: In Ihrem Leben steht an oberster Stelle »Sanuk« – ein wichtiges Wort, das Spaß bedeutet – und nicht irgendwelche fernen Zukunfts- und Karrierepläne. So ist auch das Thema Essen sehr wichtig für die Thais – schließlich macht gutes Essen nicht nur satt, sondern auch zufrieden und fröhlich, außerdem ist es ein abendfüllendes Gesprächsthema. Alte Schriften aus dem 13. Jahrhundert belegen, daß es an Nahrungsmitteln schon damals nicht mangelte: »... im Wasser gibt es reichlich Fisch, auf den Feldern wächst üppig der Reis.« Die Grundlage für den Wohlstand des Landes ist die fruchtbare Ebene des Chao-Praya-Flusses im Herzen von Zentralthailand mit ihren Reisfeldern und Obst- und Gemüseplantagen.

Die Küche des Landes hat, ebenso wie die Kultur, verschiedene Einflüsse fremder kulinarischer Traditionen in sich aufgenommen. So haben die Chinesen, Malayen, Indonesier und Inder die thailändische Küche durch wichtige Zutaten und Ingredienzien bereichert, die heute als typisch thailändisch gelten. Die Grundlage des Lebens und Essens in Thailand ist der Reis. Das thailändische Wort für essen heißt übersetzt übrigens »Reis zu sich nehmen« – klarer kann eine Sprache gar nicht sein! Reis ist der Mittelpunkt jeder Mahlzeit, unter Umständen sogar die Mahlzeit selber, nur mit ein bißchen Naam Plaa, Fischsauce, gewürzt. Ein Thai kann im Laufe des Tages Nudeln, Gemüse, Obst, Fisch- und Fleischspießchen zu sich nehmen und trotzdem am Abend behaupten, er habe nichts gegessen. Was ihm fehlt, ist seine Portion Reis, die Grundlage der gesamten Ernährung.

Auch dieser alte Mann ist für den Geburtstag des Königs am 5. Dezember nach Bangkok gekommen.

Der Tempel Wat Doi Suthap, in dem diese Buddhas stehen, ist das Wahrzeichen der Stadt Chiang Mai.

Im Doi-Inthanon-Park in Chiang Mai wird Kohl verkauft.

Vielfalt und Frische

Die Hauptmahlzeit des Tages, die meistens abends eingenommen wird, ist nicht wie in Europa in verschiedene Gänge eingeteilt, die in einer bestimmten Reihenfolge gegessen werden. Alle Gerichte werden zusammen auf den Tisch gestellt, so daß jeder aus der Vielfalt des Angebotes wählen kann. Bei der Zusammenstellung und Anordnung der verschiedenen Gerichte bei Tisch spielt vor allem die ausgewogene Vielfalt eine Rolle – ein Prinzip, das deutlich den Einfluß Chinas auf die thailändische Eßkultur spüren läßt. So steht einem milden Gericht ein scharfes gegenüber, einem flüssigen oft ein knuspriges und einem gegrillten ein gedämpftes. Auch die Zutaten und die Farben sollten möglichst unterschiedlich sein. So soll einem Fischgericht z. B. ein Fleischgericht gegenüberstehen, einem Gemüsegericht ein Geflügelgericht. In der Mitte der Tafel – natürlich – eine große Schüssel dampfender Reis. 95% der Thais sind gläubige Buddhisten, und ihre Religion verbietet ihnen, Tiere zu töten. So hat es sich ergeben, daß die Metzger in Thailand Moslems oder Chinesen sind, so daß die Thais, die sehr gerne Fleisch essen, nicht gegen ihre Religion verstoßen. Gemüse wird in Thailand immer ganz frisch im Wok zubereitet, der großen Pfanne mit gewölbtem Boden, die ebenfalls von China nach Thailand gekommen ist. Im Wok zubereitetes Gemüse bleibt knackig, behält seine Farbe und Form, sein Aroma und seine Inhaltsstoffe. Im Süden des Landes werden viele Currys mit Kokosmilch zubereitet, die den Speisen die Schärfe nimmt und die Sauce sämig macht. Weitere typische und unentbehrliche Zutaten der thailändischen Küche sind Zitronengras, Zitronenblätter, Fisch- und Austernsauce, Garnelenpaste und

ein großes Sortiment Chilischoten in verschiedenen Größen, Farben und natürlich Schärfegraden. Manche thailändischen Gerichte sind so bekannt, daß sie über das ganze Königreich verbreitet sind, z.B. Tom Yam Gung (Feurige Garnelensuppe, S. 56), Pad Thai Gung Sott (Pfannengerührte Nudeln, S. 87), Yam Nüa (Rindfleischsalat mit Koriander, S. 89). Dennoch hat natürlich jede der vier großen Regionen ihre ureigenen Spezialitäten. Die Thais im Norden lieben ihre Naem-Würste, fette Würste, die am ehesten mit Zwiebelmettwürsten zu vergleichen sind.
Im Nordosten wird oft Klebreis mit Geflügel oder Fisch gegessen oder ein scharf gewürzter Salat aus Papaya mit Limettensaft, Fischsauce, Knoblauch und Chilischoten (S. 92). Die Thais in Bangkok und der Zentralregion lieben scharfe Curry-Gerichte mit Kokosmilch. In der Küche des Südens macht sich natürlich der Reichtum an Fisch und Meeresfrüchten bemerkbar, die es an der langen Küste fast im Überfluß zu geben scheint.
Gemeinsam ist allen Regionalküchen, daß sehr wenig Fett verwendet wird und es viele Gerichte ohne Fleisch gibt. Die Thailänder lieben auch schnelle Gerichte. Dafür nehmen sie z.B. rohes oder nur ganz kurz gekochtes Gemüse und würzen es mit einer köstlichen Shrimp-Paste (S. 35) – ein blitzschnelles Gericht, das überall leicht zu machen ist und je nach Jahreszeit mit verschiedenen Gemüsesorten variiert werden kann.
In den Städten wird das Frühstück erst einige Stunden nach dem Aufstehen eingenommen. Die Thais suchen sich dazu an den unzähligen Nudel- oder Suppenständen, die es an allen Straßenecken gibt, eine köstliche Kleinigkeit aus. Auch die Mittagsmahlzeit, die oft aus Reis und einem Curry besteht, wird mit Vorliebe an einem Essensstand eingenommen. Doch abends essen die Thais in aller Ruhe mit der Familie, meistens zu Hause; sie lassen sich viel Zeit zum Essen und Reden. Nur zu besonderen Gelegenheiten geht die Thai-Familie zum Essen aus, und dann am liebsten in ein Freiluftrestaurant. In Bangkok gibt es zwei Restaurants unter freiem Himmel, die so groß sind, daß die Bedienungen dort mit Rollschuhen unterwegs sind.

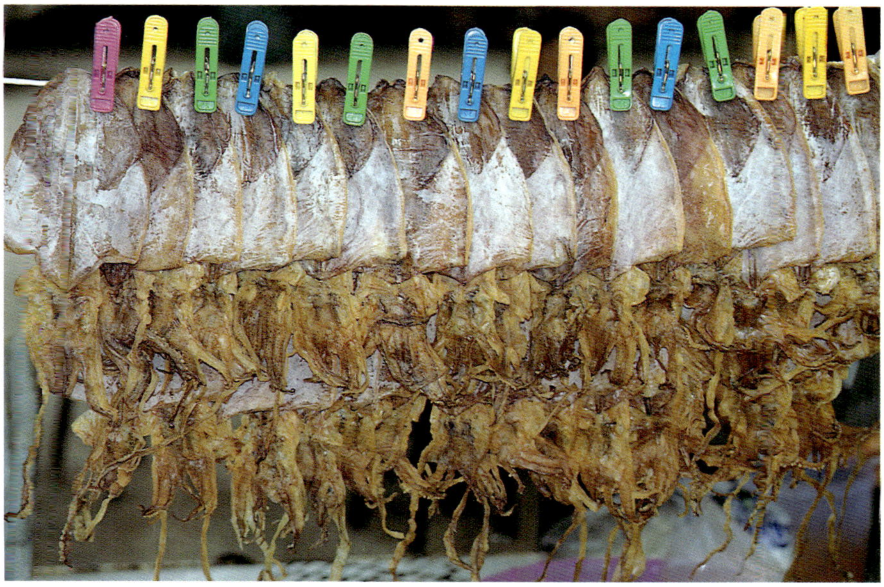

Die Tintenfische werden zum Trocknen aufgehängt.

Unzählige Arten Fisch gibt es auf den Märkten in Bangkok.

Köstliche Spießchen werden den ganzen Tag über als Snacks auf großen Tabletts angeboten.

Die thailändische Tafel

Verbindliche Einladungen zu einem Essen sind in Thailand eher selten. Freunde und Bekannte kommen vorbei, um Neuigkeiten auszutauschen, und werden dann in der Regel zum Essen gebeten. Deshalb wird meistens gleich mehr Reis gekocht als notwendig scheint – sollte kein Gast zum Essen bleiben, wird der Reis am nächsten Tag gegessen. Sofern es möglich ist, wird vor dem Essen geduscht, da die Sauberkeit zu den religiösen Pflichten der Thais gehört. Die Hände werden aber auf alle Fälle gründlichst gewaschen. Zu Beginn einer Mahlzeit wird ein Glas kühles Wasser gereicht. Eine steife Sitzordnung gibt es in Thailand nicht, oft sind nicht einmal Tische und Stühle vorhanden. Auf dem Boden wird eine große Matte oder ein Teppich ausgebreitet, die Männer lassen sich mit gekreuzten Beinen nieder, die Frauen schlagen die Füße nach hinten zusammen. Die Füße müssen auf alle Fälle von den Personen wegzeigen, sonst gilt man als unhöflich. Ohne System und Ordnung werden Teller, Schüsseln, Gabeln und Löffel auf der Matte verteilt. Die Currys, Gemüse-, Fleisch-, Fisch- und Geflügelgerichte werden alle zur gleichen Zeit gereicht, nur das Dessert wird auch in Thailand zum Schluß des Essens serviert – meist besteht es aus frischem Obst der Saison, oder es gibt raffinierte Süßspeisen aus Reismehl, Kokosmilch und Klebreis. Die Gäste und die Familienmitglieder stellen sich aus den angebotenen Speisen das Essen nach ihrem individuellen Geschmack und ihren besonderen Vorlieben zusammen, jeder probiert von einem Gericht ein oder zwei Bissen, bedient sich erneut oder versucht etwas anderes. Zum Essen trinken die Thailänder auch heute noch am liebsten frisches Wasser, manchmal mit Eiswürfeln. Manche Thais trinken auch gerne ein kühles Bier oder thailändischen Whisky zum Essen. Weinliebhaber müssen auf teuren Importwein

Die stacheligen Rambutan-Früchte schmecken ähnlich wie Lychees.

zurückgreifen oder sich mit dem süßen thailändischen Wein anfreunden. Bevor im 19. Jahrhundert in Thailand Messer und Gabeln aus Europa auftauchten, wurde fast überall mit den Händen gegessen. Dazu wurde der Reis mit den Fingern der rechten Hand (die linke gilt als unrein) zu kleinen Kugeln geformt und dann in die verschiedenen Gerichte und Saucen getunkt. Diese Tischsitte ist auch heute noch im Norden und Nordosten und in ländlichen Gegenden Thailands weit verbreitet. Dafür eignet sich natürlich der Klebreis ganz besonders, da er leichter zu Kugeln geformt werden kann und nicht so schnell wieder auseinanderfällt. In manchen Lokalen kann man auch heute noch mit den Fingern essen – versuchen Sie es doch einmal. Es ist nicht ganz einfach, aber auf alle Fälle recht amüsant – zumindest für diejenigen, die Ihnen zusehen. In den meisten Restaurants wird heute allerdings mit Gabel und Löffel gegessen. Die aus China stammenden Eßstäbchen werden nur zu Nudelgerichten und -suppen gereicht.

Bunt, vielfältig und verlockend ist das Angebot der unzähligen Essensstände in Bangkok.

Die Thai-Frauen bereiten am Boden das Essen zu.

Die Dörfer der Menschen im Norden sind sehr einfach.

Nordthailand – von Chiang Mai zu den Bergvölkern

Seit 1921 fährt die Eisenbahn nach Norden bis Chiang Mai, und seit dieser Zeit werden auch Straßen von dort in den hohen Norden gebaut. Bis dahin war der unwegsame Norden ziemlich isoliert. Dadurch haben sich kulturelle und kulinarische Eigenheiten erhalten. Die Thais im Norden sprechen einen eigenen Dialekt, sie sind besonders höflich, gastfreundlich und sanft.

Die Landschaft des Nordens ist geprägt von bewaldeten Gebirgszügen. Es sind Ausläufer des Himalaya, und sie erstrecken sich in Nord-Süd-Richtung. Der höchste Berg ist der Doi Inthanon mit 2590 m. Das Zentrum der Nordregion ist Chiang Mai, eine ruhige und überschaubare Stadt mit 350000 Einwohnern – ein wohltuender Kontrast zur hektischen Metropole Bangkok. Chiang Mai hat eine große historische Vergangenheit: Sie war einst Hauptstadt des Königreiches Lanna. Im Zentrum der Stadt zeugen viele historische Baudenkmäler von der großen Zeit. Die Tempelanlagen Wat Phra Singh im Zentrum, Wat Chedi Luang östlich davon und das Wahrzeichen der Stadt, den Wat Doi Suthep außerhalb, sollten Sie sich unbedingt ansehen. Abends lohnt sich ein Spaziergang über den Nachtmarkt, auf dem Kunstgewerbeprodukte aus der Region angeboten werden. Die Handwerker fertigen wunderschöne Silberwaren, bemalte Papierschirme, Seidenstoffe und kunstvolle Schnitzereien aus Teakholz. Ein wahres Einkaufsparadies!

Die Küche des Nordens ist ziemlich eigenständig. Hier wird gedämpfter Klebreis anstelle des gekochten Duftreises gegessen. Die Currys dieser Region sind nicht gebunden und meist eher mild. Nordthailand hat auch einige besondere Spezialitäten anzubieten, z.B. gebratene Zikaden oder Kuhplazenta. Sehr beliebt ist ein Riesenwasserkäfer, der, im Mörser zerstampft, vielen Gerichten ein ganz spezielles Aroma verleiht. Einige Bergvölker essen an Festtagen Chow-Chow-ähnliche Hunde, die sie extra dafür halten. Der Ursprung dieser merkwürdigen Gerichte liegt in der Tatsache, daß der Norden nie reich war und die Menschen auch abwegige Produkte in ihre Ernährung aufnahmen.

Typisch für den Norden ist das Kantoke-Essen: »Kan« bedeutet Schale, und »Toke« sind kleine niedrige Tische aus rotem Lackwerk oder kunstvoll geflochtenem Bambus. Die Gäste setzen sich rings um die kleinen Tische auf den Boden. Serviert werden Klebreis, Currys, ein Hackfleischgericht, ein Salat, Gemüse und natürlich viele Saucen. Neben dem Essen werden Tänze der Region in malerischen Trachten vorgeführt,

Die Karen-Frau trägt ihr Baby auf dem Rücken – so hat sie beide Hände frei zum Arbeiten.

z.B. der Schwerttanz oder der anmutige Kerzentanz.
Weit im Norden leben die Bergvölker, manche von ihnen sind Nomaden, die sich in verschiedenen Ländern aufhalten. Die seßhaften Völker des Nordens bauten lange Zeit ausschließlich Mohn an, aus dem Opium gewonnen wird. Mittlerweile ist es gelungen, andere Anbaufrüchte wie Kaffee, Pfirsiche, Spargel und Kidneybohnen einzuführen, die den Menschen neue Verdienstmöglichkeiten eröffnen.
Die Feste Nordthailands sind die schönsten des Landes. Alle Thais feiern gerne, aber die Nordthailänder haben ein ganz besonderes Talent darin. Eines der farbenprächtigsten Feste ist das Blumenfest von Chiang Mai im Februar. Mit unzähligen Blumen geschmückte Festwagen werden durch die Stadt gezogen. Das buddhistische Neujahr, das Songkran-Fest, findet vom 13. bis 15. April statt und wird in Chiang Mai besonders ausgelassen gefeiert. Die Bewohner begießen einander eimerweise mit Wasser – je mehr Wasser an diesem Tag verschwendet wird, desto mehr Regen soll das neue Jahr bringen. Zum Yi Peng Loy Krathong-Fest im November werden in Chiang Mai bunte Heißluftballons losgeschickt, die die Sorgen der Menschen mitnehmen sollen.

Neugierig sehen die Kinder den Besuchern entgegen.

Erst wenn sie 3 Jahre alt sind, werden die Elefanten zu Arbeitstieren erzogen.

Der Khao-Yai-Nationalpark ist ein 2200 km² großes Naturschutzgebiet.

Nordostthailand – Not macht erfinderisch

Der Nordosten ist die konservativste und ärmste Region Thailands, seine Infrastruktur ist zum Teil kaum entwikkelt, er galt und gilt als das Problemgebiet des Landes. Vielerorts ist der Boden des Khoratplateaus unfruchtbar, es gibt häufig Dürreperioden. Die Ernten reichen dann nur zur Selbstversorgung der Bauern. Wenn es im I-san, wie der Nordosten offiziell heißt, aber doch regnet, dann oft so heftig und lange andauernd, daß es zu verheerenden Überschwemmungen kommt.
Der Mekong, der Grenzfluß zu Laos, schwillt dann zu einem gigantischen Strom an. In der jüngsten Zeit gibt es wieder Verbesserungen durch den Bau von Stauseen, aber die Not der Bevölkerung ist noch lange nicht beseitigt. Viele Menschen sind gezwungen, nach Bangkok abzuwandern und sich dort als Taxifahrer oder Bauarbeiter zu verdingen.
Im 9. und 10. Jahrhundert sah das Bild des I-san vollkommen anders aus. Die Gegend war dicht bewaldet und ein bedeutsames Zentrum der Khmer-Kultur. Als Zeuge dieser großen Zeit ist der Tempel von Phimai erhalten geblieben, eines der schönsten Bauwerke der klassischen Khmer-Architektur aus dem 11. Jahrhundert Außer diesem Tempel gibt es noch mehr als 30 andere Stätten im I-san, die an die großartige Khmer-Kultur erinnern. Gegessen wird in dieser Region beinahe alles, ein Zeichen dafür, daß es zu Nahrungsmittelengpässen gekommen ist. Gebratene Maden oder Heuschrecken werden gerne als kleine Zwischenmahlzeit gereicht oder auch gegrillte Eidechsen, Ameiseneier oder ein Schnecken-Curry. Doch natürlich hat auch der I-san viele Köstlichkeiten zu bieten, die heutzutage ihren festen Platz auf den Speisekarten guter Restaurants im ganzen Land haben. Klebreis ist auch hier das Grundnahrungsmittel. Fleisch ist in den ländlichen Gegenden oft sehr knapp, und so wird viel Süßwasserfisch gegessen. Die meisten Gerichte der Gegend sind höllisch scharf – böse Zungen behaupten, dies komme daher, daß das Essen nur so überhaupt genießbar sei.

Der kleine Junge läßt sich gleich durch Nong Khai, eine Stadt am Mekong, fahren.

Im Wat-Kuk-Figurenpark bei Nong Khai stehen buddhistische und hinduistische Statuen.

Die Wirtschaft des Nordostens beruht fast vollständig auf der Landwirtschaft, dementsprechend ist die Lebensweise der Bevölkerung bäuerlich, weitgehend unberührt von der modernen Zeit und bestimmt durch den jährlichen Rhythmus des Pflanzens und Erntens. Die Menschen des Nordostens sind gastfreundlich und lebenslustig, trotz der Opfer, die ihnen das Leben abverlangt. Kulturelle Traditionen wie Musik, Volkstanz und Feste sind bis heute fast unverändert. Für die Menschen der Region sind sie eine willkommene Abwechslung im mühseligen Alltag des bäuerlichen Existenzkampfes. Ein Höhepunkt im Jahr ist das Raketenfest, Bun Bong Fai, am zweiten Wochenende im Mai in Yasothon. Es ist das Fest der Regenmacher, ein Bittgesuch an den Wolkengott um Regen und Fruchtbarkeit. Höhepunkt des Festes sind die selbstgebauten Raketen von fast 9 m Länge, die mit der Bitte um reichlich Regen abgefeuert werden und darüber hinaus den Dorfbewohnern natürlich »Sanuk«, Spaß, bereiten sollen. Im Juli bei Vollmond findet das Volksfest von Nong Khai mit Bootsrennen auf dem Mekong statt.
Im November lockt die berühmte Elefantenparade von Surin zahllose Besucher an. Elefanten sind in dieser Region noch heute als Arbeitstiere im Einsatz, und bei dieser Parade zeigen fast 200 Dickhäuter, was sie, und natürlich auch ihre Besitzer, alles können. Das Einfangen wird gezeigt, die Geschicklichkeit der Tiere bei der Arbeit und bei Spielen sowie eine gestellte Schlacht, für die die Elefanten prächtig geschmückt werden. Erwähnenswert ist auch das im November stattfindende Seidenfest mit einem großen Jahrmarkt in Khon Khaen.

Reisbauern bei der Arbeit.

Bangkok und die Zentralregion – Schmelztiegel des Landes

In den Pfahlbauten am Chao-Praya-Fluß lebt die ärmere Bevölkerung (rechts oben). Die stachelige Durian-Frucht ist für die Thais die Königin der Früchte (rechts unten).

Die Zentralregion ist das wirtschaftliche Herz des Landes, der Boden ist fruchtbar, die Bevölkerungsdichte und der Grad der Industrialisierung sind hier am höchsten und die Infrastruktur am besten entwickelt. Bangkok, die Hauptstadt Thailands und sein Tor zur Welt, wurde 1782 von König Rama I. gegründet. Seitdem ist die Stadt, die heute 5,4 Mio. Einwohner hat, der Schmelztiegel des Landes, in dem das 20. Jahrhundert und alte Tradition sich zu einer einzigartigen Mischung verbunden haben. Endlose Baustellen, halbfertige Hochhäuser aus Stahl und Beton, Millionen Motorräder, Dreiräder, Autos und Busse, die sich mit durchschnittlich 5 km pro Std. durch die überlastete Stadt quälen – das ist aber nur die eine Seite von Bangkok. Über 400 Tempel gibt es in dieser Stadt, die natürlich Touristenattraktionen ersten Ranges sind, aber auch Oasen der Ruhe, in denen die Mönche in ihren orange-farbenen Gewändern, fernab von der Hektik der Millionenstadt, ihren religiösen Pflichten nachgehen. Bangkok ist außerdem der Sitz von Regierung und Verwaltung, hier residiert die Königsfamilie. Jeder Besucher sollte die berühmte Palastanlage besichtigen, die sich auf einem Areal von 400 x 500 m befindet. Am berühmtesten und schönsten ist der etwa 3000 qm große sakrale Bezirk des Palastes, der Wat Phra Keo, übersetzt »Kloster des Smaragd-Buddhas«, mit seinen zahllosen Tempeln, Hallen, Säulen, goldenden Buddhafiguren und anderen Statuen.

Die Tänzerinnen wechseln noch ein paar Worte, bevor sie auf die Bühne gerufen werden.

Die Vielfalt Bangkoks zeigt sich auch auf kulinarischem Gebiet. Auf zahllosen Märkten werden die Produkte des Landes, liebevoll arrangiert, angeboten. Gewürze gibt es in Hülle und Fülle, manches wird der Besucher aus dem Westen zum ersten Mal sehen. Es gibt eine schier unendliche Auswahl an tropischen Obst- und Gemüsesorten, die aus dem fruchtbaren Umland auf die Märkte gebracht werden. Besonders berühmt sind die vielen schwimmenden Märkte in Bangkok und Umgebung. Der berühmteste Markt der Zentralregion ist der Floating Market in Damnoen Saduak, etwa 100 km westlich von Bangkok. Das bunte Treiben dieses schwimmenden Marktes sollten Sie sich nicht entgehen lassen. Am besten gehen Sie ganz früh morgens dorthin, dann ist er noch nicht überlaufen.

Neben den vielen Garküchen, die es an allen Straßenecken gibt, haben sich in Bangkok mittlerweile auch zahlreiche elegante Restaurants etabliert, die die traditionellen regionalen Gerichte anbieten. Diese Küchen zeichnen sich besonders durch aufwendige Präsentation und raffinierte Geschmacksrichtungen aus.
Auch in Bangkok und der Zentralregion wird gerne und ausgiebig gefeiert. Die ehemalige Königsstadt Ayutthaya nördlich von Bangkok lohnt auf alle Fälle einen Besuch, vor allem im Januar, wenn das große Elefantenfest dort stattfindet. Mitte April feiern die Thais mehrere Tage lang ihr Neujahrsfest, in der zweiten Maiwoche findet zu Beginn der Reisaussaat die königliche Zeremonie des Pflügens auf dem Platz vor dem Großen Palast in Bangkok statt. Doch das wohl schönste thailändische Fest wird in der Nacht des November-Vollmondes gefeiert: das Loy Krathong-Fest, bei dem im ganzen Land aus Bananenblättern oder Papier gefaltete Mini-Boote in Form einer Lotusblüte aufs Wasser gesetzt werden.
Die Krathongs, Körbchen, enthalten Blumen, Münzen und eine brennende Kerze und sollen nach alter Tradition die Wassergeister ehren und gleichzeitig Verzeihung erbitten für die Sünden und Sorgen, die der Mensch begangen hat. Außerdem schwimmen mit den Booten auch die Sünden der Menschen davon. Ein wundervoller Anblick, die zahllosen beleuchteten Mini-Boote!

Die Wächter hüten den Eingang zu einem Tempel des Wat Phra Kheo, der riesigen Tempel- und Palastanlage (oben).

Die bunten Boote fahren als Taxis lärmend durch Bangkoks Kanäle (unten).

Die bizarren Formen vieler monolithischer Felsen gehören zu den bekanntesten Attraktionen an Südthailands Westküste.

Südthailand – tropische Pracht und Üppigkeit

Der Süden Thailands ist ein langer, schmaler Streifen auf der Halbinsel Malakka – die schmalste Stelle des Landes ist nur 13 km breit. Dieses Gebiet unterscheidet sich stark von den anderen Regionen. Hier gibt es monatelange heftige Monsunregen, tropischer Regenwald bedeckt große Landstriche, der Reisanbau geht zurück, dafür gibt es riesige Kautschuk- und Kokosplantagen. Das Meer ist hier immer in der Nähe – im Westen hat Thailand eine etwa 700 km lange Küste am Andamanischen Meer, im Osten 1800 km am Golf von Thailand. So ist es nicht verwunderlich, daß es überall reichlich Fisch gibt, der zum Teil sogar in andere Länder exportiert wird. Im Süden verlocken traumhafte Strände mit weißem Sand und zahlreiche wunderschöne Inseln Besucher aus aller Welt zum Baden und Erholen. Der Tourismus ist hier eine wichtige Einnahmequelle.

Die Bewohner des Südens sind etwas dunkelhäutiger als die Thais der anderen Regionen. Sie sind fleißig, aber auch immer zu einem Schwätzchen bereit. Sie sprechen allerdings so schnell, daß sogar die Thais anderer Regionen Mühe haben, ihnen zu folgen.

Im Süden, an der Grenze zu Malaysia, lebt die Mehrzahl der etwa 2 Mio. Moslems; in den Städten sieht man nun neben buddhistischen Tempelanlagen auch die Kuppeln und Minarette von Moscheen.

In den weiten Kautschukplantagen des Südens wird in kleinen, am Stamm aufgehängten Gefäßen der wertvolle Rohkautschuk aufgefangen; Thailand ist der drittgrößte Produzent der Welt. Kilometerlange Ananasfelder prägen das Landschaftsbild des Südens ebenso wie die riesigen Kokosplantagen, in denen jährlich Millionen Kokosnüsse

Auch heute noch wird vieles mit Hilfe einer Schulterstange transportiert.

gepflückt werden, wobei dressierte kleine Affen äußerst flink und geschickt bei der Ernte helfen. Die Kokosnuß spielt eine wichtige Rolle in der Küche des Südens, vor allem als Zutat in Suppen (z.B. Tom Khaa Gai, Hühnersuppe mit Zitronengras, S. 52) und Fleischgerichten (z.B. Gäng Massaman, Rindfleisch in Currysauce, S. 64). Auf den Märkten und in den Restaurants finden Sie ein üppiges Angebot an Fischen und Meeresfrüchten aller Art: Hummer und Langusten, Garnelen und Krebse, Muscheln und Tintenfisch; in manchen Restaurants werden Sea-Food-Körbchen zusammengestellt, die eine hervorragende Auswahl frischer Meeresfrüchte beinhalten. In vielen Gerichten gibt es Cashewnüsse von den Plantagen der Umgebung. In Öl goldgelb gebraten werden sie auch gerne als kleine Knabberei angeboten.
Auch die Thais im Süden verstehen es, ausgelassen Feste zu feiern. In Petchaburi findet im Januar ein Volksfest statt mit Feuerwerk und einer Licht- und Ton-Show. Tief im Süden in Pattani wird im Februar ein religiöses Fest zu Ehren der Göttin Chai Mae Niau gefeiert. Im April findet ein Wettstreit der Schattenspieler in Phattalung statt. Das Schattenspiel, das vermutlich aus China stammt, ist eine uralte Tradition auch in Thailand. Bei diesem Spiel werden Schatten von Bildscheiben oder Figuren mit einer Lichtquelle auf einen Schirm projeziert. Diese Schattenfiguren spielen dann ein Theaterstück. Ein wichtiges Fest der Buddhisten wird im September zwei Wochen lang in Nakhon Si Thammarat an der Ostküste gefeiert. Die Einheimischen glauben, daß die zur Hölle verdammten Vorfahren in dieser Zeit Urlaub bekommen, und so bemühen sich die Menschen, durch gute Werke und religiöse Zeremonien die Qualen der Gestorbenen zu lindern. In Phuket findet im Oktober das Vegetarierfestival der Chinesen statt. Zur inneren Reinigung essen die Gläubigen zwei Wochen kein Fleisch und töten auch kein Tier. Vor chinesischen Tempeln und auf öffentlichen Plätzen finden allabendlich okkulte Rituale statt: Chinesen laufen in Trance über glühende Kohlen, sie stechen sich Spieße durch Wangen und Zungen, steigen auf Leitern mit Sprossen aus messerscharfen Klingen – all dies, ohne die geringsten Schmerzen zu verspüren. Ein faszinierendes Spektakel, aber sicher nicht für Besucher mit schwachen Nerven geeignet.

Auf der Phi-Phi-Don-Insel ziehen sich Mutter und Kind vor der Hitze zurück.

In der Stadt Songkhla wird Kautschuk verladen.

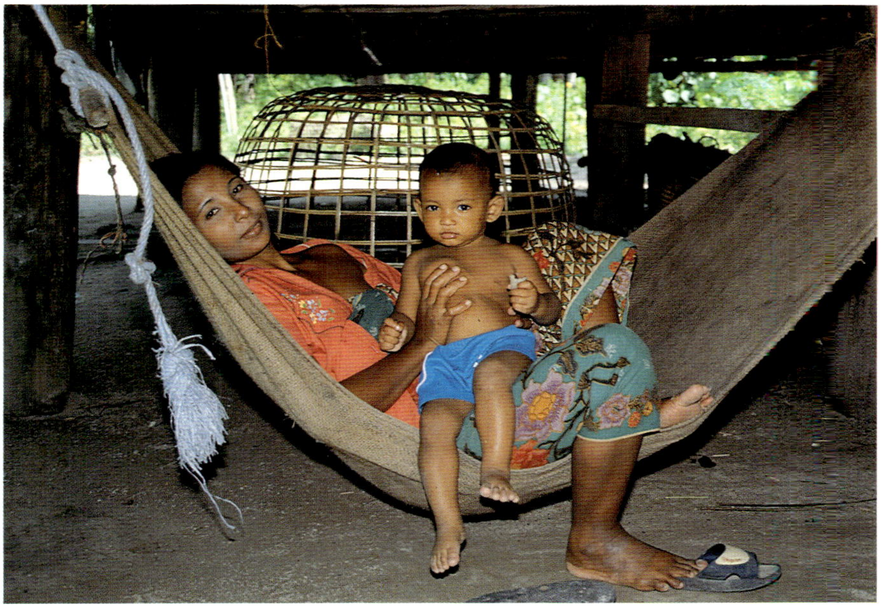

CURRYPASTEN, WÜRZSAUCEN UND DIPS

Bei der Zubereitung von Currypasten und Würzsaucen läßt die thailändische Köchin viel Muße und Phantasie walten, denn eine gelungene Currypaste ist der Ausgangspunkt für ein wohlschmeckendes Gericht. Currypasten, die es von mild bis höllisch scharf in allen Abstufungen gibt, werden in Thailand nach überlieferten Rezepten hergestellt und enthalten eine Vielzahl von Gewürzen und Kräutern, die im Mörser zerstampft werden. Natürlich können Sie das auch mit dem Mixer machen. Currypasten sind die Grundlage für die Currygerichte der thailändischen Küche, die durch die Pasten ihr typisches Aroma bekommen. Die Currypasten können gut auf Vorrat hergestellt werden, denn sie halten sich im Kühlschrank mehrere Monate. Fertige Currypasten können Sie in Asien-Läden kaufen – sie sind von sehr guter Qualität und verkürzen Ihre Arbeitszeit in der Küche. Die beliebteste Würzsauce in Thailand ist die Naam Plaah, eine Fischsauce, die anstelle von Salz verwendet wird und mit der viele Gerichte abgeschmeckt werden. Verfeinert mit geschnittenen Chilischoten, Knoblauch und Limettensaft entwickelt sie ein wunderbares Aroma. Zu vielen Gerichten, besonders zu rohem oder gekochtem Gemüse, reichen die Thailänder Dips. Das sind raffinierte Saucen, in die die Zutaten eingetunkt werden.

Rote Currypaste

Sehr scharf · Grundrezept

Krüang Gäng Phet Däng

Zutaten für 4 Portionen:
8 frische rote Peperoni
3 frische thailändische rote Chilischoten
3 Schalotten · 1 TL Koriandersamen
1 Stengel frisches Zitronengras
1 Stück frischer Galgant (2 cm)
2 Korianderwurzeln · 1 Kaffir-Zitrone
½ TL Kreuzkümmel · 1 TL Salz
½ TL schwarzer gemahlener Pfeffer
½ TL Muskatnuß, frisch gemahlen
1 TL Garnelenpaste

Zubereitungszeit: 25 Min.
Pro Portion: 150 kJ/36 kcal

1 Peperoni und Chilischoten waschen, entstielen und kleinhacken. Danach gründlich die Hände waschen! Schalotten schälen und ebenfalls kleinhacken. Koriandersamen in einer kleinen Pfanne ohne Öl bei starker Hitze etwa 2 Min. anbraten. Zitronengras waschen und in feine Ringe schneiden. Galgant und Korianderwurzeln waschen und kleinhacken. Kaffir-Zitrone heiß waschen, mit dem Messer schälen und die Schale kleinhacken, es wird 1 TL benötigt.

2 Kreuzkümmel im großen Mörser zerstoßen. Alle anderen Zutaten nach und nach hineingeben und gut durchstoßen. Salz, Pfeffer und Muskatnuß dazugeben und alles zerstoßen, bis eine cremige Paste entstanden ist. Zum Schluß Garnelenpaste dazugeben und unterrühren.

Grüne Currypaste

Scharf · Grundrezept

Krüang Gäng Kiau Wan

Zutaten für 4 Portionen:
8 frische dunkelgrüne Peperoni
3 frische grüne Thai-Chilischoten
3 Schalotten · 1 TL Koriandersamen
1 Stengel frisches Zitronengras
1 Stück frischer Galgant (2 cm)
2 Korianderwurzeln · 1 Kaffir-Zitrone
½ TL Kreuzkümmel · 1 TL Salz
½ TL schwarzer gemahlener Pfeffer
½ TL Muskatnuß, frisch gemahlen
1 TL Garnelenpaste

Zubereitungszeit: 25 Min.
Pro Portion: 150 kJ/36 kcal

1 Sie wird wie die rote Currypaste zubereitet, nur anstelle der roten Peperonis und Chilischoten mit grünen.

Info: Die grüne und die rote Currypaste sind die Grundlage der meisten thailändischen Currygerichte.

Tip! Wenn Sie keinen großen Mörser besitzen, können Sie alle Zutaten nach und nach in einen Mixer geben und so zerkleinern. Die Anschaffung eines Mörsers lohnt sich langfristig in jedem Fall.

Panäng-Currypaste

Scharf · Grundrezept

Krüang Gäng Panäng

Zutaten für 4 Portionen:
6 große getrocknete Chilischoten
1 TL Salz · 3 Schalotten
3 Knoblauchzehen
1 Stengel frisches Zitronengras
1 Stück frischer Galgant (2 cm)
1 Kaffir-Zitrone · 2 Korianderwurzeln
½ TL schwarzer gemahlener Pfeffer
½ TL Garnelenpaste

Zubereitungszeit: 20 Min.
Pro Portion: 140 kJ/33 kcal

1 Chilischoten quer halbieren, Stiel entfernen und Schoten in lauwarmem Wasser etwa 5 Min. einweichen, anschließend Wasser abgießen und Schoten gut ausdrücken. Im Mörser mit Salz zerstampfen. Danach Hände gründlich waschen. Schalotten und Knoblauch schälen und kleinhacken. Kaffir-Zitrone heiß waschen, schälen und Schale kleinhacken, es wird 1 EL benötigt.

2 Korianderwurzeln waschen und kleinhacken. Mit allen Zutaten in den Mörser geben, gut durchstoßen. Zum Schluß Pfeffer und Garnelenpaste hinzugeben und gut durchmischen, bis eine feine Paste entstanden ist.

Massaman-Currypaste

Aus Südthailand · Scharf

Krüang Gäng Massaman

Zutaten für eine Schale (4 Portionen):
8 große getrocknete Chilischoten
1 EL Koriandersamen
1 TL Kreuzkümmel
1 Stück frischer Galgant (2 cm)
1 Stengel frisches Zitronengras
5 Schalotten · 10 Knoblauchzehen
½ TL Nelkenpulver
½ TL schwarzer Pfeffer, frisch gemahlen
1 TL Garnelenpaste

Zubereitungszeit: 25 Min.

Pro Portion: 230 kJ/55 kcal

1 Chilischoten der Länge nach halbieren, Stiel und Kerne entfernen und Schoten in lauwarmem Wasser etwa 5 Min. einweichen. Anschließend Wasser abgießen und Schoten gut ausdrücken. Danach Hände gründlich waschen, es brennt wie Feuer, falls Sie die Hände an die Augen bekommen. Koriandersamen und Kreuzkümmel ohne Öl in einer Pfanne bei mittlerer Hitze etwa 3 Min. anbraten, bis es duftet.

2 Galgant und Zitronengras waschen, Galgant in dünne Scheiben, Zitronengras in feine Ringe schneiden. Schalotten und Knoblauch schälen und kleinhacken. Diese Zutaten in der Pfanne ohne Öl bei mittlerer Hitze unter gelegentlichem Rühren etwa 5 Min. anbraten, bis alles braun geworden ist.

3 Sämtliche Zutaten im Mörser sorgfältig fein zerstoßen, so daß eine Paste entsteht. Nelkenpulver, schwarzen Pfeffer und Garnelenpaste dazugeben und alles gut vermischen.

Info: Bei dieser Currypaste spiegelt sich der indische Einfluß auf die Thai-Küche wider. Die Paste wird hauptsächlich für Rindfleisch und Hühnerfleisch, niemals aber für Schweinefleisch verwendet, denn sie wird auch sehr gerne von den Moslems in Thailand gegessen.

Gelbe Currypaste

Scharf · Geht schnell

Krüang Gäng Garieh

Zutaten für eine Schale (4 Portionen):
5 große getrocknete Chilischoten
1 Stengel frisches Zitronengras
1 Stück frischer Galgant (2 cm)
5 Schalotten
10 Knoblauchzehen
1 EL Koriandersamen
1 TL Kreuzkümmel
1 TL Salz
1 EL Currypulver
1 TL Garnelenpaste

Zubereitungszeit: 25 Min.

Pro Portion: 230 kJ/55 kcal

1 Den Stiel von den Chilischoten entfernen, Chilischoten quer halbieren und in lauwarmem Wasser etwa 5 Min. einweichen. Anschließend Wasser abgießen und Schoten gut ausdrücken. Danach müssen Sie sich die Hände gründlich waschen, es brennt wie Feuer, wenn Sie die Hände an die Augen oder Schleimhäute bringen!

2 Zitronengras und Galgant waschen, Galgant in dünne Scheiben, Zitronengras in feine Ringe schneiden. Schalotten und Knoblauch schälen und kleinhacken.

3 Alle Zutaten, bis auf die Chilihälften, mit Koriandersamen und Kreuzkümmel in einer Pfanne ohne Öl bei mittlerer Hitze etwa 3 Min. anbraten, dabei ständig rühren. Etwas abkühlen lassen.

4 Chilihälften mit Salz im Mörser zerstoßen. Nach und nach sämtliche Zutaten dazugeben und kräftig stoßen. Currypulver und Garnelenpaste ebenfalls untermischen.

Info: Kreuzkümmel ist auch bekannt unter den Bezeichnungen asiatischer oder türkischer Kümmel, Cumin und Djinton. Unter den beiden letzten Namen wird er im Asien-Laden angeboten. Im Geschmack ist Kreuzkümmel scharf und etwas bitter. Er schmeckt ganz anders als der gewöhnliche Kümmel und kann nicht durch diesen ersetzt werden.

Chilisauce mit Koriander

Naam Plaah Prik

Scharf · Geht schnell

Zutaten für eine Schale (4 Portionen):
4 frische thailändische Chilischoten
2 Knoblauchzehen
3 EL Fischsauce
2 EL Limettensaft
1 Stengel frischer Koriander

Zubereitungszeit: 15 Min.

Pro Portion: 56 kJ/13 kcal

1 Chilischoten waschen, entstielen und im Mörser zerstoßen oder in feine Ringe schneiden. Danach Hände keinesfalls an die Augen oder an die Schleimhäute bringen, sofort gründlich waschen! Knoblauch schälen und fein hacken. In einer kleinen Schüssel Chiliringe bzw. zerstampfte Chilischoten mit Knoblauch, Fischsauce und Limettensaft verrühren.

2 Koriander waschen und trockenschütteln. Stengel und Blätter fein schneiden und zur Chilisauce geben.

Variante: Unter diese Sauce können Sie auch feingeschnittene Scheiben einiger Schalotten oder einer violetten Zwiebel geben.

Info: Diese Chilisauce ist in Thailand sehr beliebt und in allen Landesteilen verbreitet. Wichtig ist, daß sie wirklich frisch zubereitet wird. Sie sollte nicht lange aufbewahrt werden. Diese Sauce paßt zu allen gebratenen Reisgerichten, zu gebratenem Gemüse und zu Fleischgerichten, die wenig Sauce haben (z.B. Schweinefilet mit Ananas, S. 74, oder Gebratene Ente, S. 111).

Chilischoten

Chilischoten, die mit Paprika verwandt sind, sind die Beerenfrüchte eines Nachtschattengewächses. Auf den thailändischen Märkten sind sie in unterschiedlichsten Größen, Farben und Formen zu finden. Die kleinen roten Vogelaugenchilischoten, Prik Khie Nuu, sind die schärfsten. Die Schärfe kommt von dem Wirkstoff Capsaicin, der bei manchen Menschen, die allergisch reagieren, Gesicht, Hals und Brust rot werden läßt. Neben Capsaicin enthalten Chilischoten Kohlenhydrate und Eiweiß, Calcium und Eisen sowie Provitamin A und Vitamin C. Um die Schärfe der Chilischoten zu mildern, schneidet man sie der Länge nach auf und entfernt die hellen Rippen und die Kerne. Fein gehackt oder im Mörser zerstoßen, entwickeln Chilischoten ihr Aroma am besten. Eingelegte Chilischoten sowie die frischen größeren, roten und grünen, Prik Schiih Faah, sind weniger scharf. Alle Chilisorten gibt es übrigens auch getrocknet, nehmen Sie hiervon unbedingt große Schoten, die kleinen sind zu scharf!

Chilischoten gibt es in vielen Farben und Größen.

Süß-sauer-scharfe Sauce

Aromatisch · Braucht etwas Zeit

Naam Jim Priau Wan

Zutaten für 4 Portionen:
½ rote Paprikaschote
1 Knoblauchzehe
2 frische rote thailändische Chilischoten
5 EL Reisessig, ersatzweise milder Weinessig · 10 EL Zucker

Zubereitungszeit: 15 Min. (+ 30 Min. Garen)
Pro Portion: 660 kJ/160 kcal

1 Halbe Paprikaschote vom Stielansatz und den Kernen befreien und waschen. Knoblauch schälen, Chilischoten von Stielen befreien und waschen. Danach Hände gründlich waschen.

2 Paprikahälfte, Knoblauchzehe und Chilischoten im Mörser zerstoßen und anschließend alles in einen kleinen Topf geben.

3 Etwa ¼ l Wasser, den Essig und Zucker dazugeben und aufkochen lassen. Die Mischung bei mittlerer Hitze mit geöffnetem Deckel etwa 30 Min. kochen lassen, bis sie leicht sämig geworden ist.

Variante: Unter diese Sauce können Sie auch hauchdünne Scheiben geschälter und der Länge nach geviertelter Gurken oder auch zerkleinerte Erdnüsse mischen.

Einfache Chilisauce

Sehr scharf · Geht schnell

Naam Jim Prikbon

Zutaten für 4 Portionen:
2 Knoblauchzehen
4 EL Fischsauce
2 EL Limettensaft
1 EL Palmzucker
1 EL Chilipulver

Zubereitungszeit: 10 Min.
Pro Portion: 89 kJ/21 kcal

1 Knoblauch schälen und im Mörser zerstoßen.

2 Fischsauce, Limettensaft, Palmzucker und Chilipulver dazugeben. Die Zutaten so lange verrühren, bis sich der Zucker gelöst hat.

Variante: Anstelle des Limettensaftes können Sie auch Tamarindensirup aus einem walnußgroßen Stück Tamarinde verwenden, das Sie in 5 EL warmem Wasser etwa 10 Min. einweichen und dann gut durchkneten.

Info: Diese Chilisauce wird vor allem im Nordosten Thailands gegessen. Mit der Hand geformte Klebreisbällchen werden darin eingetunkt.

Tip! Anstelle der frischen Knoblauchzehen können Sie auch die doppelte Menge eingelegter Zehen (Rezept S. 35) nehmen und diese fein scheiden.

Peperoni in Essig

Erfrischend · Sehr schnell

Prik Naam Somm

Zutaten für 4 Portionen:
je 1 frische rote und grüne Peperoni
⅛ l Reisessig, ersatzweise milder Weinessig

Zubereitungszeit: 5 Min.
Pro Portion: 40 kJ/9 kcal

1 Peperoni waschen, entstielen und in Ringe schneiden. Danach die Hände nicht an die Augen oder Schleimhäute bringen, Peperoni enthalten Capsaicin, ein Stoff, der wie Feuer brennt! Essig dazugießen und verrühren.

Tip! Diese Sauce sollten Sie immer frisch zubereiten. Sie paßt zu allen Nudelgerichten und eignet sich auch als Tischwürze zum Aromatisieren anderer Speisen.

Eingelegter Knoblauch

Würzig · Braucht etwas Zeit

Krathiam Dong

Zutaten für 4 Portionen:
600 ml Reisessig, ersatzweise milder Weinessig
600 g Zucker · 600 ml Wasser
1 TL Salz
500 g kleine Knoblauchknollen
1 großes Einmachglas

Zubereitungszeit: 30 Min.
(+ 1 Woche Marinieren)
Pro Portion: 3400 kJ/810 kcal

1 Essig, Zucker, Wasser und Salz in einem Topf etwa 10 Min. kochen und anschließend abkühlen lassen.

2 Äußere Schalen von den Knoblauchknollen entfernen, Knollen waschen und gut abtropfen lassen.

3 Ein großes Einmachglas mit kochendem Wasser ausspülen, abtropfen lassen. Knoblauchknollen ins Glas geben, abgekühlte Essig-Zucker-Lösung auffüllen, Deckel schließen und Knoblauchknollen an einem kühlen Ort etwa 1 Woche marinieren lassen.

Info: Der eingelegte Knoblauch hält sich im Glas über ein Jahr und kann zu vielen thailändischen Gerichten gereicht werden.

Tip! Vor dem weiteren Verwenden oder Servieren muß der Knoblauch geschält werden.

Shrimp-Pasten-Dip

Scharf · Gelingt leicht

Naam Prik Kapi

Zutaten für 4 Portionen:
2 EL getrocknete Shrimps
4 Knoblauchzehen
4 frische thailändische Chilischoten
2 EL Garnelenpaste · 1 EL Fischsauce
3 EL Palmzucker, ersatzweise brauner Zucker · 4 EL Limettensaft

Zubereitungszeit: 20 Min.
Pro Portion: 330 kJ/79 kcal

1 Getrocknete Shrimps im Mörser fein zerstoßen. In einer kleinen Schale beiseite stellen. Knoblauch schälen, Chilischoten waschen, entstielen und beides mit der Garnelenpaste im Mörser gut zerstoßen. Nachdem Sie die Chilischoten angefaßt haben, müssen Sie sich gründlich die Hände waschen!

2 Mischung in eine Schüssel umfüllen, Shrimps, Fischsauce, Palmzucker und Limettensaft beigeben und alles so lange verrühren, bis die Paste glatt ist. Mit Limettensaft und Palmzucker abschmecken.

Info: Dieser Dip paßt zu allen rohen, gekochten und gebratenen Gemüsen.

Erdnußsauce

Aromatisch · Gelingt leicht

Naam Jim Muh Saté

Zutaten für 4 Portionen:
150 g geröstete, gesalzene Erdnüsse
3 EL Öl · 2 EL Rote Currypaste (S. 26)
1 Dose ungesüßte Kokosmilch (400 ml)
3 EL Palmzucker, ersatzweise brauner Zucker · 1 TL Salz
3 EL Reisessig, ersatzweise milder Weinessig

Zubereitungszeit: 25 Min.
(+ 25 Min. für die Paste)
Pro Portion: 1500 kJ/360 kcal

1 Erdnüsse im Mörser fein zerstoßen. Öl in einem kleinen Topf erhitzen, die Rote Currypaste darin bei mittlerer Hitze kurz anrösten.

2 Kokosmilch hineinrühren und etwa 1 Min. kochen lassen. Erdnüsse, Palmzucker, Salz und Essig hinzugeben und die Sauce bei schwacher Hitze etwa 15 Min. kochen lassen, bis sie sämig ist.

Info: Diese Sauce wird zu den Fleischspießchen (S. 73) gereicht.

Tomaten-Dip mit Hackfleisch

Aus Nordthailand · Geht schnell

Naam Prik Ong

Zutaten für eine Schale (4 Portionen):
5 große getrocknete Chilischoten
2 TL Salz
3 mittelgroße Tomaten
1 Stengel frisches Zitronengras
3 Stengel frischer Koriander
5 Schalotten
10 Knoblauchzehen
1 TL Garnelenpaste
150 g gemischtes Hackfleisch
3 EL Öl
1 TL Zucker
1 EL Limettensaft

Zubereitungszeit: 25 Min.

Pro Portion: 940 kJ/220 kcal

1 Von den Chilischoten den Stiel entfernen, Schoten quer halbieren und in lauwarmem Wasser etwa 5 Min. einweichen. Anschließend gut ausdrükken. Danach Hände keinesfalls an die Augen oder Schleimhäute bringen, Chili brennt wie Feuer! Schoten mit Salz in einem großen Mörser zerstoßen. Tomaten waschen, vom Stielansatz befreien und in grobe Würfel oder Scheiben schneiden.

2 Zitronengras waschen und in feine Ringe schneiden. Koriander waschen, trockenschütteln und fein hacken. Schalotten und Knoblauch schälen, Schalotten vierteln. Alle Zutaten, bis auf die Tomaten und 5 Knoblauchzehen, im Mörser mit Chilischoten und der Garnelenpaste zerstoßen, bis eine Paste daraus geworden ist. Hackfleisch hinzugeben und alles kräftig durchmischen.

3 Restliche Knoblauchzehen kleinhacken, Öl in einer Pfanne erhitzen, Knoblauch darin bei mittlerer Hitze etwa 2 Min. goldgelb anbraten. Hackfleischpaste, Zucker, Limettensaft und Tomatenwürfel oder -scheiben hinzugeben und bei mittlerer Hitze etwa 5 Min. braten, bis das Wasser verdampft ist. Dabei ständig rühren.

Info: Dieser Dip wird zu rohem oder gekochtem Gemüse serviert.

Tip! Wenn Sie möchten, können Sie die Tomaten kurz mit heißem Wasser übergießen und schälen. In Thailand werden sie allerdings nie geschält.

Scharfer Garnelen-Dip

Aus Nordthailand · Gelingt leicht

Naam Prik Numm

Zutaten für eine Schale (4 Portionen):
2 frische rote Peperoni
1 frische grüne Peperoni
10 Knoblauchzehen
5 Schalotten
1 EL Öl
300 g mittelgroße rohe Garnelen mit Kopf und Schwanz
3 EL Fischsauce
3 EL Limettensaft

Zubereitungszeit: 40 Min.

Pro Portion:
560 kJ/130 kcal

1 Peperoni waschen, entstielen und in grobe Stücke schneiden. Danach Hände nicht in die Nähe der Augen bringen, sofort gründlich waschen. Knoblauch und Schalotten schälen, beides fein hacken. Peperoni, Knoblauch und Schalotten in einer Pfanne in Öl bei mittlerer Hitze etwa 5 Min. anbraten, bis die Zutaten dunkelbraun geworden sind.

2 Garnelen kalt abwaschen. In einem Topf 1/4 l Wasser aufkochen lassen, Garnelen hineingeben und etwa 2 Min. kochen lassen. Abgießen, etwas Wasser auffangen und Garnelen abkühlen lassen. Anschließend Kopf, Schwanzende, Schale und Darm entfernen. Garnelenfleisch sehr fein hacken.

3 Angebratene Peperoni-Schalotten-Mischung im Mörser grob zerstoßen. Garnelenfleisch hinzugeben, kurz durchmischen. In eine kleine Schüssel umfüllen und mit Fischsauce, Limettensaft und dem zurückbehaltenen Garnelenfond verrühren. Der Dip muß dickflüssig sein.

Info: Dieser Dip paßt hervorragend zu rohem und gekochtem Gemüse.

Tip! Sie können den Dip auch einmal mit 2 ganzen, ungeschälten Garnelen garnieren, die Sie zuvor blanchiert (sprudelnd gekocht) haben.

SNACKS UND SUPPEN

Den Thais ist es sehr wichtig, ständig ein großes Angebot an kleinen Snacks und pikanten Häppchen vorzufinden, mit denen sie tagsüber ihren Hunger stillen können. Gewöhnlich wird die Hauptmahlzeit nämlich erst am Abend eingenommen, wenn die glühende Hitze nachgelassen hat. Überall sieht man Straßenhändler, die auf ihren Ständen oder fahrbaren Karren mit den großen Sonnenschirmen würzige bis höllisch scharfe Minimahlzeiten anbieten. Vielerorts gibt es zu Kleinküchen umgebaute Motorräder, die flexibel ihren Platz wechseln und ihre Gerichte immer dort anbieten, wo gerade Bedarf besteht. Sie fahren durch die Vororte, und die Thai-Familien erkennen am Hupen oder am Klingeln sofort, welche Köstlichkeiten angeboten werden. Auf den Kanälen, den Klongs, fahren kleine Boote, die köstliche Nudelsuppen anbieten – sie werden Guai Thiau Rüa genannt, Nudelboote. Ganz nach Wunsch werden die Speisen Haeng, d.h. ohne Brühe, oder Guai Thiau Naam, d.h. mit Brühe, blitzschnell zubereitet. In den Gassen der Städte gibt es zahlreiche Händler, die ihr ganzes Restaurant an einer Tragstange und zwei wippenden Körben mit sich tragen. Erstaunlich, wie schnell und geschickt sie eine köstliche Kleinigkeit zubereiten können.

Frühlingsrollen

Festlich · Braucht etwas Zeit

Pho-Pbia

Zutaten für 4–6 Portionen:

20 tiefgefrorene Teigstücke für Frühlingsrollen (20 x 20cm)
100 g Glasnudeln
100 g Weißkohl
1 kleine Möhre (etwa 50 g)
2 Knoblauchzehen
2 EL Öl + 1 l geschmacksneutrales Pflanzenöl
250 gemischtes Hackfleisch
2 EL Fischsauce
1 EL Zucker
2 EL Austernsauce
1 Eiweiß
1 Schale Süß-sauer-scharfe Sauce (S. 32)
nach Belieben: einige gewaschene Salatblätter, Gurken- und Tomatenscheiben zur Dekoration

Zubereitungszeit: 1 Std. (+ 45 Min. für die Sauce)

Bei 6 Portionen pro Portion: 2200 kJ/450 kcal

1 Frühlingsrollenhüllen auftauen lassen. Glasnudeln in warmem Wasser etwa 10 Min. einweichen. Abtropfen lassen und mit der Schere kleinschneiden.

2 Weißkohl und Möhre putzen, waschen und in feine Streifen schneiden. Knoblauchzehen schälen.

3 Öl in einer Pfanne oder im Wok erhitzen, Knoblauch durch die Presse hineingeben und kurz anbraten. Hackfleisch dazugeben und unter Rühren in etwa 2 Min. bei starker Hitze durchbraten. Weißkohl, Möhren und Glasnudeln dazugeben. Mit Fischsauce, Zucker und Austernsauce würzen, alles bei mittlerer Hitze etwa 3 Min. weiterbraten. Abkühlen lassen.

4 Teigblätter auf der Arbeitsfläche auslegen, je 2 EL Füllung in die Mitte der Teigblätter legen. Eine Ecke des Teigblattes weit über die Füllung legen.

5 Die Seiten rechts und links nach innen über die Füllung einschlagen, (es sollen ungefähr 7 cm lange Rollen entstehen) dann den Rest fest aufrollen. Das Ende jeder Rolle mit Eiweiß bestreichen und fest andrücken.

6 Pflanzenöl in einem Topf oder Wok stark erhitzen. Die Frühlingsrollen portionsweise im heißen Öl in etwa 3 Min. goldgelb fritieren, auf Küchenpapier entfetten. Für die Verzierung Gurkenscheiben am Rand einkerben und mit Salatblättern, Tomatenscheiben und den Frühlingsrollen auf der Servierschale anrichten. Die Frühlingsrollen mit süß-sauer-scharfer Sauce (S.32) servieren.

Fleischbällchen auf Ananas

Festlich · Gelingt leicht

Maah Hoo

Zutaten für 4–6 Portionen:
200 g mittelgroße rohe Garnelen mit Kopf und Schwanz
2 EL Öl
200 g gemischtes Hackfleisch
100 g geröstete gesalzene Erdnüsse
5 Knoblauchzehen
3 Stengel frischer Koriander
½ TL schwarzer Pfeffer, frisch gemahlen
350 g Palmzucker, ersatzweise brauner Zucker
1 TL Salz
1 mittelgroße Ananas

Zubereitungszeit: 1 Std.

Bei 6 Portionen pro Portion: 2300 kJ/550 kcal

1 Von den Garnelen Kopf und Schwanzende abschneiden, Körper schälen, am Rücken einschneiden und den dünnen Darm entfernen. Garnelen waschen, trockentupfen und fein hacken.

2 Öl in einer Pfanne erhitzen und Garnelen sowie Hackfleisch bei mittlerer Hitze in 15–20 Min. garen, bis das ausgetretene Wasser vollständig verdampft ist. Zur Seite stellen. Erdnüsse im Mörser zerkleinern.

3 Knoblauch schälen. Koriander waschen, trockenschütteln, Blätter abzupfen und zur Seite stellen. Knoblauch, Korianderstengel und Pfeffer im Mörser zerstoßen.

4 Palmzucker in einem kleinen Topf erhitzen, bis er dickflüssig geworden ist. Knoblauchpaste dazugeben, gut durchrühren. Hackfleisch, gehackte Garnelen, Erdnüsse und Salz hinzufügen, alles 25–30 Min. leicht köcheln lassen, bis eine sehr zähe Masse entstanden ist. Abkühlen lassen.

5 Ananas schälen, die braunen Augen ausstechen, Frucht der Länge nach achteln. Den harten Strunk entfernen und die Achtel in mundgerechte Stücke schneiden. Ananasstücke auf eine große Platte legen, Hackfleisch-Garnelen-Masse zu kleinen Bällchen formen, auf die Ananasstücke legen und mit Korianderblättern garnieren.

Tip! Nehmen Sie anstelle der Ananas auch einmal säuerliche Orangenfilets.

Ananas

Ursprünglich kommt diese Frucht aus Südamerika; sie ist aber seit Jahrhunderten in Thailand heimisch und gedeiht besonders gut im Sandboden entlang der Küste im Süden. Seit einigen Jahren wird die Frucht in so großen Mengen angebaut, daß Thailand mittlerweile zu den führenden Exporteuren von Ananaskonserven zählt. Ananas wird frisch gegessen, als Saft getrunken und zerkleinert in vielen köstlichen Thai-Gerichten verwendet.

Die Ananas enthält wichtige Mineralstoffe (Eisen und Calcium), Zucker, Fruchtsäuren und Provitamin A, Vitamine der B-Gruppe und Vitamin C. Frische Früchte enthalten das Ferment Bromelin, das die Verdauung fördert. Achten Sie beim Kauf von frischen Ananas darauf, daß die Frucht intensiv duftet und die Schale gelbbraun ohne grüne Stellen ist. Das Fruchtfleisch sollte auf leichten Fingerdruck etwas nachgeben. Dann ist die Ananas reif.

Thailand zählt zu den führenden Exporteuren von Ananas.

Gedeckte Reispapierplätzchen

Festlich · Etwas schwieriger

Pbo-pbia Saweuy

Zutaten für 4 Portionen:
100 g Rettich
1 Schale Süß-sauer-scharfe Sauce (S. 32)
500 g mittelgroße rohe Garnelen mit Kopf und Schwanz
200 g gemischtes Hackfleisch
3 EL helle Sojasauce
½ TL schwarzer Pfeffer, frisch gemahlen
1 EL Speisestärke
50 g ungesalzene Cashewnüsse
2 Stengel frischer Koriander
8 Reispapierblätter (20 x 20 cm)
4 EL weiße Sesamsamen
1 Eiweiß
½ l geschmacksneutrales Pflanzenöl

Zubereitungszeit: 45 Min. (+ 25 Min. für die Sauce)

Pro Portion: 2700 kJ/640 kcal

1 Rettich schälen, erst in Scheiben, dann in ganz feine Stifte schneiden und diese mit süß-sauer-scharfer Sauce vermischen.

2 Von den Garnelen Kopf und Schwanzende abschneiden, Körper schälen, am Rücken einschneiden und den dünnen Darm entfernen. Garnelen waschen und fein hacken. Dann mit Hackfleisch, Sojasauce, Pfeffer und Speisestärke gut durchkneten.

3 Cashewnüsse grob hacken. Koriander waschen, trockenschütteln und ebenfalls hacken. Reispapierblätter auf der Arbeitsfläche auslegen. Hackfleisch-Garnelen-Mischung darauf verteilen und bis etwa 1 cm zum Rand hin ausstreichen.

4 Cashewnüsse, Sesamsamen und Koriander darüber streuen. Mit einem zweiten Reispapier zudecken. Die Ränder des oberen Reispapierblattes nochmals hochheben, mit Eiweiß bestreichen und fest andrücken. Auf diese Weise auch die anderen 3 Plätzchen bereiten.

5 Öl in einer großen Pfanne bei mittlerer Hitze erwärmen, gefüllte Reispapierblätter mit einem Pfannenheber einzeln hineingeben und von jeder Seite in etwa 1 Min. goldbraun ausbraten, auf Küchenpapier entfetten. Anschließend achteln und mit Rettich in süß-sauer-scharfer Sauce servieren.

Tip! Richten Sie die Reispapierplätzchen auf Salatblättern an und garnieren Sie sie mit Ananasstückchen.

Pikante Garnelen

Festlich · Scharf

Gung Saah

Zutaten für 4 Portionen:
600 g mittelgroße rohe Garnelen mit Kopf und Schwanz
3 EL helle Sojasauce
½ TL schwarzer Pfeffer, frisch gemahlen
6 Knoblauchzehen
5 Stengel frischer Koriander
5 frische thailändische Chilischoten
4 EL Limettensaft
3 EL Zucker
4 EL Fischsauce
3 EL Öl
außerdem: einige gewaschene Salatblätter

Zubereitungszeit: 30 Min. (+ 20 Min. Marinieren)

Pro Portion: 950 kJ/230 kcal

1 Kopf von den Garnelen abtrennen, Körper schälen, am Rücken längs einschneiden und den dünnen Darm entfernen. Der Schwanz bleibt am Körper. Garnelen kurz waschen, trockentupfen und mit Sojasauce und Pfeffer vermischen und etwa 20 Min. zugedeckt im Kühlschrank marinieren lassen.

2 Inzwischen Knoblauch schälen, Koriander waschen, trockenschütteln, Blätter abzupfen. Chilischoten waschen, entstielen und mit Knoblauch und Korianderstielen im Mörser zerstoßen. Nachdem Sie die Chilischoten angefaßt haben, dürfen Sie die Hände keinenfalls an die Augen oder an die Schleimhäute bringen! Die Mischung in eine kleine Schüssel umfüllen, mit Limettensaft, Zucker und Fischsauce gut verrühren, bis sich der Zucker ganz aufgelöst hat.

3 Öl in einer Pfanne erhitzen, Garnelen bei mittlerer Hitze etwa 3 Min. braten, bis sie rot geworden sind. Garnelen herausnehmen, auf einer Platte anrichten, mit der Sauce übergießen und mit Korianderblättern garnieren.

Tip! Sie können die Sauce auch separat reichen, dann kann sich jeder Gast nach seinem Geschmack bedienen. Um die Schärfe etwas zu mildern, reicht man gewaschene Eis- oder Kopfsalatblätter zu den Garnelen.

Koriander

Koriander ist eines der ältesten Gewürz- und Heilkräuter, er wird in den Küchen Asiens verschwenderisch verwendet. Da er wie glatte Petersilie aussieht, wird er auch Chinesische Petersilie genannt; er schmeckt aber völlig anders als unsere Petersilie. In Thailand werden Wurzeln, Blätter und Samen verwendet. Liebhaber schätzen die Korianderblätter wegen des stark ausgeprägten Aromas, das von dem ätherischen Korianderöl herrührt. Koriander wirkt anregend und krampflösend und fördert die Verdauung.

Frischer Koriander gibt vielen Thaigerichten das besondere Aroma.

Frischen Koriander bekommen Sie im Asien-Laden. Sie können aber auch Pflänzchen aus Koriandersamen ziehen. Legen Sie die Samen lose auf angefeuchtete Erde. Nach einigen Wochen können Sie Koriandergrün ernten. Gehackter Koriander läßt sich auch problemlos einfrieren.

Hühnerbrust auf Salatblättern

Aromatisch · Gut vorzubereiten

Miang Gai

Zutaten für 4–6 Portionen:
400 g rohes Hühnerbrustfilet
3 EL Fischsauce
2 EL Limettensaft
2 EL Zucker
2 daumengroße Stücke frischer junger Ingwer
10 Schalotten
5 frische thailändische Chilischoten
2 Limetten
50 g geröstete gesalzene Erdnüsse
1 Eissalat

Zubereitungszeit: 40 Min.

Bei 6 Portionen pro Portion: 610 kJ/150 kcal

1 Hühnerfilet sehr fein hacken, in eine Schüssel geben und mit Fischsauce, Limettensaft und Zucker verrühren, gut durchkneten und etwa 20 Min. zugedeckt im Kühlschrank marinieren lassen.

2 Ingwer und Schalotten schälen und in etwa ½ cm große Würfel schneiden. Chilischoten waschen und entstielen, in feine Ringe schneiden. Danach Hände gründlich waschen, nicht mit den Händen an die Augen kommen, denn Chili brennt wie Feuer! Limetten mit einem scharfen Messer so gründlich schälen, daß auch die weiße Haut entfernt wird. Wer sie nicht schälen möchte, muß sie gründlich heiß waschen. Limetten in etwa ½ cm große Würfel schneiden, Kerne entfernen. Ingwer, Schalotten, Chiliringe, Limettenwürfel und Erdnüsse in Schälchen oder auf einem großen Teller getrennt anrichten.

3 Eissalat in etwa 6 x 6 cm große Stücke zerreißen, waschen, trockenschütteln und auf einer großen Platte anrichten.

4 Hühnerbrustfilet in ein Tuch geben und ausdrücken. Saft dabei auffangen. Diesen Saft in einem Topf kurz aufkochen, gehacktes Hühnchenbrustfilet einrühren und bei mittlerer Hitze in etwa 2 Min. garen lassen. Dann abkühlen lassen.

5 Mit den Händen haselnußgroße Portionen formen, das Wasser dabei ausdrücken und die Kugeln auf den vorbereiteten Salatblätter verteilen. Am Tisch nimmt jeder mit den Händen von den bereitgestellten Zutaten und gibt sie zu den Hühnchen-Kugeln.

Variante: Anstelle von Hühnerbrustfilet können Sie auch Seelachs-, Kabeljau- oder Rotbarschfilet verwenden. Sie können auch den Eissalat durch Kopfsalat oder Spinatblätter ersetzen. Natürlich können Sie auch alle drei zusammen verwenden.

Tip! Falls Sie einen elektrischen Blitzhacker haben, können Sie das Hühnerbrustfilet auch damit zerkleinern.

Gebackene Garnelen

Knusprig · Braucht etwas Zeit

Gung Rampän

Zutaten für 4 Portionen:
500 g mittelgroße rohe Garnelen mit Kopf und Schwanz
3 EL helle Sojasauce
½ TL schwarzer Pfeffer, frisch gemahlen
100 g Tempuramehl
1 TL Salz
1 l geschmacksneutrales Pflanzenöl
1 Schale Süß-sauer-scharfe Sauce (S. 32)

Zubereitungszeit: 30 Min. (+ 30 Min. Marinieren + 45 Min. für die Sauce)

Pro Portion: 2000 kJ/480 kcal

1 Von den Garnelen den Kopf abtrennen, Körper schälen, am Rücken längs einschneiden und den dünnen Darm entfernen. Der Schwanz bleibt am Körper. Garnelen waschen, trockentupfen und mit Sojasauce und Pfeffer einreiben und etwa 30 Min. zugedeckt im Kühlschrank marinieren lassen.

2 Tempuramehl und Salz mit knapp ¼ l Wasser mit einem Schneebesen langsam zu einem dickflüssigen Teig ohne Klumpen anrühren.

3 Öl in einem Topf erhitzen. Es ist heiß genug, wenn an einem hölzernen Kochlöffelstiel, den Sie hineintauchen, kleine Bläschen aufsteigen.

4 Garnelen am Schwanzende fassen, durch den Tempuramehlteig ziehen und ins heiße Fett geben. Bei mittlerer Hitze in etwa 1 Min. goldbraun backen. Mit einem Schaumlöffel herausnehmen und zum Entfetten auf Küchenpapier legen. Mit Süß-sauer-scharfer Sauce servieren.

Gefüllte Klebreisbällchen

Festlich · Etwas schwieriger

Khao Niau Sod Sei

Zutaten für 4–6 Portionen:
150 g ungegarter Klebreis
400 g rohes Hühnerbrustfilet
3 Stengel frischer Koriander
1 Bund Schnittlauch
1 Eigelb
1 gehäufter EL Speisestärke
3 EL Fischsauce
1 EL Zucker
½ TL schwarzer Pfeffer, frisch gemahlen
etwas Öl
1 kleine Möhre
je ½ grüne und rote Paprikaschote
nach Belieben: 1 Schale Süß-sauer-scharfe Sauce (S. 32)

Zubereitungszeit: 1½ Std. (+ 2 Std. Einweichen + 45 Min. für die Sauce)

Bei 6 Portionen pro Portion: 850 kJ/200 kcal

1 Klebreis in heißem Wasser mindestens 2 Std. einweichen. Inzwischen Hühnerbrustfilet kleinhacken. Koriander und Schnittlauch waschen, trockenschütteln, kleinschneiden und mit Hühnerbrustfilet, Eigelb, Speisestärke, Fischsauce, Zucker und Pfeffer gut durchkneten.

2 Klebreis in einem Sieb gut abtropfen lassen, dann auf einem großen Teller ausbreiten. Teelöffelgroße Portionen von der Hühnerbrustmischung in den Reis geben, mit feuchten Händen Bällchen von etwa 2 cm Durchmesser formen, wobei der Reis außen als Hülle sein soll.

3 Wasser im Kochtopf zum Sieden bringen. In der Zwischenzeit Dämpfeinsatz mit Alufolie auslegen, diese mit Öl bepinseln und mit einem Eßstäbchen einige Male vorsichtig einstechen. Klebreisbällchen so auf die Alufolie legen, daß sie etwa 1 cm Abstand voneinander haben. Dämpfeinsatz mit den Bällchen in den Kochtopf geben, bei starker Hitze mit geschlossenem Deckel etwa 5 Min. dämpfen, dann die Hitze reduzieren und die Bällchen bei mittlerer Hitze etwa 15 Min. dämpfen.

4 Währenddessen Garnituren aus Möhren und roten und grünen Paprikaschoten bereitstellen. Dazu Gemüse waschen, Paprikahälften entstielen und entkernen und alles in ganz feine Streifen schneiden. Fertige Klebreisbällchen auf einer Platte anrichten, mit Gemüse garnieren und nach Belieben mit Süß-sauer-scharfer Sauce (S. 32) servieren.

Tip! Noch besser ist es, den Klebreis über Nacht einzuweichen, da er so mehr Wasser aufnimmt und noch weicher wird.

Hühnersuppe mit Zitronengras

Scharf · Geht schnell

Tom Khaa Gai

Zutaten für 4 Portionen:
2 Stengel frisches Zitronengras
1 Stück frischer Galgant (5 cm)
3 Kaffir-Zitronenblätter
250 g Austernpilze oder Champignons
2 mittelgroße Tomaten
3 frische thailändische Chilischoten
500 g rohes Hühnerbrustfilet
1 Dose ungesüßte Kokosmilch (400 ml)
frischer Koriander zum Garnieren
4 EL Limettensaft
4 EL Fischsauce

Zubereitungszeit: 30 Min.

Pro Portion: 680 kJ/160 kcal

1 Zitronengras waschen und in etwa 3 cm lange Stücke schneiden. Galgant waschen, schälen und in dünne Scheiben schneiden. Zitronenblätter waschen, trockentupfen und evtl. vierteln.

2 Pilze putzen, kurz überbrausen und in mundgerechte Stücke schneiden. Kleine Pilze können auch ganz bleiben. Tomaten waschen, vierteln und von den Stielansätzen befreien. Chilischoten waschen, Stielansatz entfernen und in dünne Ringe schneiden. Vorsicht, die Hände keinesfalls an die Augen bringen, Chili brennt wie Feuer! Am besten Hände gründlich waschen. Hühnerbrust in etwa 1 cm breite und 4 cm lange Streifen schneiden.

3 Kokosmilch in einem Topf erhitzen. Zitronengras und -blätter und Galgantscheiben dazugeben, alles bei mittlerer Hitze ohne Deckel etwa 2 Min. kochen lassen. ³/₄ l Wasser dazugießen, erhitzen, Hühnerbrust, Pilze und Tomatenviertel dazugeben und bei schwacher Hitze etwa 5 Min. köcheln lassen. Nach Belieben Zitronengras- und Galgantstückchen herausfischen. Galgant wird nicht gegessen, die Zitronengrasstückchen können Sie probieren. Koriander waschen, trockenschütteln und Blättchen abzupfen.

4 Chiliringe, Limettensaft und Fischsauce in eine Suppenschüssel geben, heiße Suppe hineingießen, mit Koriander garnieren und servieren.

Galgant schmeckt nicht nur gut, er ist auch gesund.

Galgant

Galgant wird oft als Thai-Ingwer bezeichnet und ist mit Ingwer auch verwandt, allerdings sind die Galgantwurzeln größer und heller, ihre Spitzen sind rosa gefärbt. Andere Bezeichnungen für Galgant sind Laos oder Alpinia. Galgant wird von den Thais gerne für Suppen und Currys verwendet. Er gibt ein feines Aroma ab, das ein wenig an Medizin erinnert. Tatsächlich hat Galgant auch heilende Wirkung, er fördert die Verdauung, hilft bei Erkrankungen der Atemwege und bei Magenverstimmungen. Um sie als Heilmittel zu nehmen, raspeln die Thais die Galgantwurzel, vermischen sie mit Zitronensaft und nehmen sie ein – ein wahres Wundermittel. Sie bekommen die Galgantwurzeln meistens problemlos im Asien-Laden. Notfalls können Sie Galgant durch jungen, frischen Ingwer ersetzen, aber das Aroma ist nicht das gleiche. Kaufen Sie ruhig größere Mengen Galgant, er kann im Gefrierfach des Kühlschrankes gut aufbewahrt werden.

Nudelsuppe mit rotem Fleisch

Festlich · Braucht etwas Zeit

Guai Thiau Naam Muh Däng

Zutaten für 4–6 Portionen:
3–4 Stengel frischer Koriander
1 TL schwarzer Pfeffer, frisch gemahlen
2 EL Tomatenketchup
1 EL Zucker
2 EL Fischsauce
einige Tropfen rote Lebensmittelfarbe
3 Knoblauchzehen
1 EL Öl und Öl zum Bestreichen
500 g Schweinefilet
150 g Reisnudeln
200 g Sojabohnensprossen
1,5 l Rindsuppe, selbst gekocht oder aus Würfeln

Zubereitungszeit: 1 Std. (+ 2 Std. Marinieren)

Bei 6 Portionen pro Portion: 2000 kJ/480 kcal

1 Koriander waschen, trockenschütteln, Blätter abzupfen und zur Seite legen. (Am besten halten sich die Blättchen in einer verschlossenen Plastiktüte frisch.) Stengel mit Pfeffer im Mörser zerstoßen, mit Ketchup, Zucker, Fischsauce und Lebensmittelfarbe in einer Schüssel verrühren. Knoblauch schälen und fein hacken. In einer Pfanne in Öl bei mittlerer Hitze in etwa 2 Min. goldgelb anbraten. Auf einen Teller legen.

2 Schweinefilet kalt abspülen, trockentupfen, von Haut und Sehnen befreien und der Länge nach halbieren. Beide Hälften mit einer Gabel einige Male einstechen. Mit angerührter Ketchup-Marinade bestreichen und mindestens 2 Std. zugedeckt im Kühlschrank marinieren lassen.

3 Backofen auf 200° (Gas Stufe 3) vorheizen. Ein Backblech auf einer Fläche in der Größe des Filets mit etwas Öl bepinseln, das marinierte Fleisch darauf legen und mit Öl beträufeln. Fleisch je nach Dicke in der Mitte des Backofens 15–20 Min. braten.

4 Inzwischen Nudeln in kochendem Wasser in etwa 3 Min. garen, anschließend in ein Sieb schütten und mit kaltem Wasser kurz abspülen.
Auf 4–6 Portionsschüsseln verteilen.

5 In einem Topf Wasser zum Kochen bringen, Sojabohnensprossen etwa 1 Min. blanchieren (sprudelnd kochen), sofort in ein Sieb gießen und danach ebenfalls auf die 4–6 Portionsschüsseln verteilen.

6 Rindsuppe aufkochen lassen. Filet aus dem Backofen nehmen, quer zur Faser in etwa ½ cm dicke Scheiben schneiden und ebenfalls auf die 4–6 Portionsschüsseln verteilen. Mit heißer Brühe auffüllen. Gebratenen Knoblauch und Korianderblätter oben auf die Suppe geben.

Info: Die Thais essen viele Gerichte eher lauwarm. Falls Sie das nicht mögen, sollten Sie die Portionsschüsseln mit den Nudeln und den Sojabohnensprossen im Backofen warm halten.

Tip! Am Tisch würzt jeder nach seinem individuellen Geschmack mit etwa 1 Msp. Chilipulver, etwa 1 TL Essig, etwa 1 TL Zucker und etwa 1 EL zerkleinerten Erdnüssen.

Feurige Garnelensuppe

Scharf · Gelingt leicht

Tom Yam Gung

Zutaten für 4 Portionen:
500 g mittelgroße rohe Garnelen mit Kopf und Schwanz
1 Stengel frischer Koriander mit Wurzel
½ TL schwarze Pfefferkörner
300 g Champignons
3 Kaffir-Zitronenblätter
2 Stengel frisches Zitronengras
1 Stück frischer Galgant (5 cm)
4 frische thailändische Chilischoten
4 EL Limettensaft
4 EL Fischsauce

Zubereitungszeit: 45 Min.

Pro Portion: 550 kJ/130 kcal

1 Garnelen von Kopf und Schale befreien, beides aufheben, Schwanzende unbedingt am Körper lassen. Garnelen am Rücken längs einschneiden, den dünnen Darm entfernen.

2 Garnelenköpfe und -schalen mit etwa 1½ l Wasser aufkochen. Koriander waschen, die Wurzel abschneiden und mit den Pfefferkörnern im Mörser zerstoßen. Korianderblätter abzupfen und beiseite stellen. Zerstoßene Mischung zum Garnelenfond geben und diesen bei mittlerer Hitze etwa 5 Min. leicht kochen lassen. Dann durch ein feines Sieb geben.

3 Champignons putzen, kurz abbrausen und größere halbieren. Zitronenblätter und Zitronengras waschen, Blätter vierteln, Stengel in etwa 3 cm lange Stücke schneiden und beides im Mörser zerdrücken. Galgant waschen, schälen und in dünne Scheiben schneiden.

4 Chilischoten waschen, Stielansätze entfernen und Schoten in feine Ringe schneiden. Danach gründlich die Hände waschen, es brennt höllisch, wenn Sie die Hände an die Augen bekommen! Chiliringe mit Limettensaft und Fischsauce im Mörser zerstoßen und in ein Schälchen geben.

5 Garnelenfond mit Zitronengras, Zitronenblättern und Galgantscheiben etwa 2 Min. bei mittlerer Hitze kochen lassen. Garnelen und Pilze dazugeben und alles etwa 3 Min. bei schwacher Hitze mit geschlossenem Deckel kochen lassen. Zitronengras, Zitronenblätter und Galgant evtl. aus der Suppe nehmen; wer möchte, kann Zitronengras und Zitronenblätter probieren.

6 Die vorbereitete Chilimischung zur Suppe geben. Nach Wunsch mit Koriander garnieren und servieren.

Fischsuppe mit Kokosmilch

Aus Südthailand · Gelingt leicht

Tom Plaah Gati Sod

Zutaten für 4–6 Portionen:
500 g Fischfilet (Seelachs, Kabeljau oder Rotbarsch)
6 EL Fischsauce
½ TL schwarzer Pfeffer, frisch gemahlen
2 Stengel frisches Zitronengras
1 Stück frischer Galgant (5 cm)
6 Kaffir-Zitronenblätter
3 Stengel frischer Koriander
5 frische thailändische Chilischoten
2 Dosen ungesüßte Kokosmilch (je 400 ml)
4 EL Limettensaft

Zubereitungszeit: 30 Min.

Bei 6 Portionen pro Portion: 630 kJ/150 kcal

1 Fischfilet kalt abspülen, trockentupfen und in mundgerechte Stücke schneiden. Mit 2 EL Fischsauce und Pfeffer vermischen und etwa 20 Min. zugedeckt im Kühlschrank marinieren lassen.

2 Inzwischen Zitronengras, Galgant und Zitronenblätter waschen. Zitronengras in etwa 3 cm lange Stücke, Galgant schälen und in dünne Scheiben schneiden. Zitronenblätter trockenschütteln und vierteln. Koriander waschen, trockenschütteln und fein hacken. Chilischoten waschen, entstielen und in feine Ringe schneiden. Auf keinen Fall die Hände an die Augen bringen, es brennt höllisch! Die Hände sehr gründlich waschen.

3 Kokosmilch in einen Topf geben und mit Zitronengras, Galgant und Zitronenblättern aufkochen lassen. Fischstücke und 4 EL Fischsauce dazugeben, alles etwa 2 Min. bei mittlerer Hitze kochen lassen. In eine Schüssel geben, Limettensaft, Chiliringe und Korianderblättchen dazugeben, gut verrühren.

4 Galgant herausfischen, nach Wunsch auch Zitronengras und -blätter herausnehmen.

Variante: Sie können auch etwa 300 g geputzte, gewaschene und in mundgerechte Stücke zerschnittene Austernpilze mit den Fischfiletstücken kochen.

Scharfe Rindfleischsuppe

Aromatisch · Braucht etwas Zeit

Tom Saeb Nüa

Zutaten für 4–6 Portionen:
2 Stengel frisches Zitronengras
6 Kaffir-Zitronenblätter
1 Stück frischer Galgant (5 cm)
500 g Rindfleisch (Schulter, Bug)
6 frische thailändische Chilischoten
50 Blätter rotes Basilikum (Bai Grapau)
300 g Champignons
2 mittelgroße Tomaten
5 EL Fischsauce
4 EL Limettensaft
½ TL Chilipulver

Zubereitungszeit: 45 Min. (+ 1½ Std. Garen)

Bei 6 Portionen pro Portion: 620 kJ/150 kcal

1 Zitronengras, Zitronenblätter und Galgant waschen. Zitronengras in etwa 3 cm lange Stücke, Galgant in dünne Scheiben schneiden, Zitronenblätter trockentupfen und vierteln.

2 Rindfleisch kurz abbrausen, trockentupfen und in mundgerechte Stücke schneiden, dabei von Sehnen befreien. 1½ l Wasser in einen Topf geben, Fleisch, Zitronengras, Galgant und Zitronenblätter hineingeben und alles aufkochen lassen. Bei mittlerer Hitze und halbgeöffnetem Deckel etwa 1¼ Std. kochen lassen.

3 Inzwischen Chilischoten waschen, auf ein Brett legen und mit einem schweren Messer zerdrücken. Stielansatz entfernen. Basilikumblättchen waschen und trockenschütteln. Champignons putzen, kurz überbrausen und vierteln. Tomaten waschen, vierteln und vom Stielansatz befreien.

4 Wenn das Fleisch weich ist, Champignons, Tomatenviertel und Fischsauce hinzufügen und alles bei mittlerer Hitze etwa 2 Min. weiterkochen lassen. Suppe in eine große Schüssel geben, Limettensaft, Chilischoten, Chilipulver und Basilikumblätter unterrühren.

Zitronenblätter und Zitronengras

Die dunkelgrün glänzenden Blätter des Kaffir-Zitronenbaumes geben Thai-Gerichten ein charakteristisches Aroma. Sie werden meist von Anfang an mitgekocht oder aber kleingeschnitten zum Garnieren des fertigen Gerichtes verwendet.
Zitronengras ist ein schilfartiges Gras, das bis zu 1 m hoch werden kann. Es ist nicht mit Zitrusfrüchten verwandt, seinen Namen hat es bekommen, da es beim Zerreiben einen starken Zitronenduft verströmt. In der thailändischen Medizin wird Zitronengras zur Behandlung von Magenschmerzen sowie zur Linderung von Erkältungen eingesetzt. Sie bekommen Zitronengras und Zitronenblätter im Asien-Laden, meist sind es Importe aus Thailand. Beides hält sich im Gefrierfach des Kühlschrankes lange Zeit. Legen Sie sich einen Vorrat an!

In Thailand wird Zitronengras (vorne) bündelweise verkauft.

Scharfe Suppe mit Tamarinde

Aus Bangkok · Süß-sauer

Gäng Soom Tua Fak Jao

Zutaten für 4–6 Portionen:
6 große getrocknete Chilischoten
3 Schalotten
3 frische Krachaiwurzeln
1 TL Salz
1 TL Garnelenpaste
2 walnußgroße Stücke gepreßte Tamarinde
400 g mittelgroße rohe Garnelen mit Kopf und Schwanz
300 g Schlangenbohnen (ersatzweise grüne Bohnen)
3 EL Fischsauce
2 EL Palmzucker, ersatzweise brauner Zucker

Zubereitungszeit: 45 Min.

Bei 6 Portionen pro Portion: 390 kJ/93 kcal

1 Chilischoten quer halbieren und in lauwarmem Wasser etwa 5 Min. einweichen. Schalotten schälen und fein hacken. Krachaiwurzeln waschen und in feine Ringe schneiden. Chilischoten aus dem Wasser nehmen und ausdrükken, dann im Mörser mit Salz zerstoßen (siehe Tip!). Garnelenpaste, Schalotten und Krachai dazugeben und vorsichtig zu einer Paste zerstoßen.

2 Tamarinde in einem kleinen Gefäß mit lauwarmem Wasser bedecken und etwa 10 Min. einweichen, anschließend gut durchkneten, bis ein sämiger Saft entstanden ist. Harte Teile und Kerne entfernen, dann den Saft durch ein Haarsieb gießen.

3 Garnelenköpfe abtrennen, Garnelen schälen und am Rücken längs einschneiden, dünnen Darm entfernen. Bohnen putzen und waschen, in etwa 4 cm lange Stücke schneiden. 1¼ l Wasser in einem Topf zum Kochen bringen, Chilipaste, Fischsauce, Palmzucker, 3 EL Tamarindensaft und Bohnen hinzugeben und alles etwa 3 Min. köcheln lassen. Garnelen hinzugeben und erneut etwa 2 Min. köcheln lassen. Mit Palmzucker und Tamarindensaft süß-sauer abschmecken.

Variante: Nehmen Sie anstelle der Schlangenbohnen auch andere Gemüsesorten wie Rettich oder Chinakohl.

Info: Krachai ist eine Ingwerart, allerdings milder als Ingwer und Galgant. Falls Sie keine frischen Krachaiwurzeln im Asien-Laden bekommen, können Sie ersatzweise getrocknete Krachai-Scheiben aus dem Beutel verwenden.

Tip! Seien Sie beim Stoßen der Chilipaste sehr vorsichtig, damit Ihnen nichts ins Auge spritzt. Die Chilischoten brennen höllisch. Stoßen Sie mit einer Hand und decken Sie mit der anderen Hand den Mörser ab.

Suppe mit gefüllten Gurken

Würzig · Gelingt leicht

Tom Djüt Täng Kwah

Zutaten für 4 Portionen:
15 Knoblauchzehen
3 Stengel frischer Koriander mit Wurzeln
½ TL schwarzer Pfeffer, frisch gemahlen
1 TL Salz
2 EL helle Sojasauce
300 g gemischtes Hackfleisch
4 EL Öl
1 große Salatgurke
3 EL Fischsauce
außerdem: Zahnstocher

Zubereitungszeit: 45 Min.

Pro Portion: 1200 kJ/290 kcal

1 Knoblauch schälen, Koriander waschen und trockenschütteln. Korianderwurzel kleinhacken, Blätter und Stengel grob hacken und beiseite stellen. 5 Knoblauchzehen mit etwas Pfeffer und Salz im Mörser zerstoßen. Die Hälfte dieser Knoblauchpaste und die Sojasauce mit dem Hackfleisch verrühren und dieses etwa 15 Min. zugedeckt im Kühlschrank marinieren lassen.

2 Inzwischen die restlichen 10 Knoblauchzehen kleinhacken und in einer Pfanne in Öl bei mittlerer Hitze in etwa 3 Min. goldgelb braten, dann beiseite stellen.

3 Gurke schälen und quer vierteln. Kerne mit einem Kochlöffelstiel entfernen und die Gurkenviertel mit dem marinierten Hackfleisch füllen. Öffnungen über Kreuz mit den Zahnstochern zustecken, damit die Füllung nicht herausfallen kann.

4 In einem Topf 1 l Wasser mit restlicher Knoblauchpaste und der Fischsauce aufkochen lassen, Gurkenviertel hineingeben und bei mittlerer Hitze und geöffnetem Deckel etwa 7 Min. kochen lassen. Vor dem Servieren Zahnstocher entfernen, gehackten Koriander, gebratenen Knoblauch und etwas frisch gemahlenen schwarzen Pfeffer dazugeben.

FLEISCH, GEMÜSE, REIS UND NUDELN

Die Thais aßen bis in die Mitte des 19. Jahrhunderts wie die Inder und Birmesen ihre Speisen mit den Fingern der rechten, reinen Hand. Diese Sitte war mit ein Grund dafür, daß alle Zutaten bereits in der Küche in kleine Stücke geschnitten wurden. Da durch das Kleinschneiden auch kürzere Garzeiten nötig sind, die Zutaten sich außerdem gut mit Sauce und Gewürzen mischen, wird auch heute noch in der Thai-Küche Fleisch, Fisch und Gemüse kleingeschnitten. Rind- und Schweinefleisch mögen die Thais am liebsten. Schweineöhrchen, -füße und sämtliche Innereien gelten sogar als Delikatessen.

Je nach Religionszugehörigkeit gibt es natürlich unterschiedliche Fleischsorten auf dem Speiseplan: Die meisten Hindus essen kein Rindfleisch, Moslems kein Schweinefleisch, und die meisten Thais mögen kein Lamm- oder Hammelfleisch. Kalbfleisch gibt es ohnehin selten. Da es in Thailand so ein reiches Angebot an Gemüse gibt, gibt es viele Gerichte mit Fleisch und Gemüse. Die Thais kombinieren auch gerne verschiedene Gemüse miteinander, so daß es einen schönen Farb- und Geschmackskontrast gibt. Rohes oder kurz blanchiertes Gemüse wird gerne mit verschiedenen Naam Prik (Dips, S. 35, 36, 37) gegessen. Eine besondere Spezialität der Thais ist es Gemüse liebevoll zu wahren Kunstwerken zu schnitzen (S. 96). Zu allen Rezepten dieses Kapitels wird eine Schüssel thailändischer Duftreis extra gereicht, mit Ausnahme der Reis- und Nudelgerichte natürlich.

Rindfleisch mit Austernsauce

Festlich · Gelingt leicht

Nüa Pad Naam Manhoy

Zutaten für 4 Portionen:
500 g Rinderfilet
½ TL schwarzer Pfeffer, frisch gemahlen
2 EL dunkle Sojasauce
1 EL Weizenmehl
5 getrocknete Tongku-Pilze
300 g Austernpilze · 2 Frühlingszwiebeln
1 frische rote Peperoni
4 Knoblauchzehen
1 daumengroßes Stück
frischer Ingwer · 3 EL Öl
5 EL Austernsauce · 1 EL Fischsauce
1 TL Zucker · 4 EL Reiswein

Zubereitungszeit: 30 Min.
(+ 1 Std. Marinieren)

Pro Portion: 1500 kJ/360 kcal

1 Fleisch kalt abspülen, trockentupfen, entsehnen und in etwa 1 cm große Würfel schneiden. Mit Pfeffer, Sojasauce und Mehl mischen, dann etwa 1 Std. zugedeckt im Kühlschrank marinieren lassen.

2 Inzwischen Tongku-Pilze waschen, in heißem Wasser etwa 20 Min. einweichen.

3 Unterdessen Austernpilze putzen, kurz abbrausen und in grobe Stücke schneiden. Frühlingszwiebeln putzen, waschen, längs halbieren und in etwa 3 cm lange Stücke schneiden. Peperoni waschen, längs halbieren, vom Stielansatz befreien, entkernen und in Streifen schneiden. Danach Hände gründlich waschen! Knoblauch und Ingwer schälen und fein hacken.

4 Tongku-Pilze vorsichtig ausdrücken und vierteln. Öl in einer Pfanne oder im Wok stark erhitzen. Knoblauch, Ingwer und Fleischwürfel darin bei starker Hitze unter ständigem Rühren etwa 5 Min. scharf anbraten. Hitze reduzieren, Tongku- und Austernpilze, Frühlingszwiebeln, Austern- und Fischsauce und Zucker dazugeben und alles etwa 2 Min. bei mittlerer Hitze garen lassen.

5 Reiswein unterrühren, das Gericht mit den Peperonistreifen garnieren.

Rindfleisch in Currysauce

Aus Südthailand · Scharf

Gäng Massaman

Zutaten für 4 Portionen:
500 g Rinderschmorbraten
(Hüfte oder Nuß) · 4 mittelgroße
Kartoffeln, vorwiegend festkochend
2 mittelgroße Zwiebeln
1 Dose ungesüßte Kokosmilch(400 ml)
3 EL Massaman-Currypaste (S. 28)
4 EL Palmzucker,
ersatzweise brauner Zucker
4 EL Fischsauce · 2 EL Limettensaft
3 EL geröstete gesalzene Erdnüsse
2 Lorbeerblätter

Zubereitungszeit: 40 Min.
(+ 1 Std. 10 Min. Garen
+ 25 Min. für die Paste)

Pro Portion: 1500 kJ/360 kcal

1 Rindfleisch kalt abspülen, trockentupfen, von Fett und Sehnen befreien und in etwa 2 cm große Würfel schneiden. Kartoffeln schälen und vierteln, Zwiebeln schälen, halbieren.

2 Vom dickeren Teil oben auf der Kokosmilch 5 EL in einen großen Topf geben und aufkochen lassen. Massaman-Currypaste einrühren und etwa 1 Min. kochen lassen, Rindfleischwürfel, Rest der Kokosmilch, Palmzucker, Fischsauce, Limettensaft, Erdnüsse, Lorbeerblätter und ½ l Wasser hinzufügen.

3 Rindfleischwürfel in dieser Mischung bei schwacher Hitze und mit leicht geöffnetem Deckel etwa 50 Min. köcheln lassen. Dann Kartoffeln und Zwiebeln dazugeben und alles weitere 20 Min. bei schwacher Hitze leicht kochen lassen.

4 Lorbeerblätter herausfischen und Currygericht servieren.

Variante: Sie können dieses Gericht auch mit 750 g Hähnchenteilen (Brust- oder Schenkelstücke mit Knochen) zubereiten. Die Garzeit verkürzt sich dann auf insgesamt 50 Min.

Rindfleisch mit grünem Pfeffer

Sehr scharf · Gelingt leicht

Pad Nüa Prik Thai Oon

Zutaten für 4 Portionen:
500 g Rinderfilet
2 EL helle Sojasauce
1 TL schwarzer Pfeffer, frisch gemahlen
1 rote Paprikaschote
150 g frischer grüner Pfeffer
5 EL Öl
2 EL Rote Currypaste (S. 26)
3 EL Fischsauce
2 EL Zucker

Zubereitungszeit: 30 Min.
(+ 25 Min. für die Paste)

Pro Portion: 1200 kJ/290 kcal

1 Rinderfilet kurz abwaschen und trockentupfen. Dann in etwa 4 cm lange und 1 cm breite Streifen schneiden, mit Sojasauce und Pfeffer vermischt etwa 15 Min. marinieren lassen.

2 Die Paprikaschote waschen, Stiel und Trennwände entfernen, Schote vierteln und in Streifen schneiden. Grünen Pfeffer vorsichtig abspülen, Pfefferkörner sollen am Stengel bleiben. Stengel in etwa 3 cm lange Stücke teilen.

3 Öl in einer Pfanne oder im Wok erhitzen, Rote Currypaste bei mittlerer Hitze anbraten, Rindfleisch, grünen Pfeffer, Paprikastreifen, Fischsauce, Zucker und etwas Wasser dazugeben. Alles unter ständigem Rühren bei mittlerer Hitze etwa 3 Min. braten.

Info: Die Fischsauce (Naam Plaah) ist eine dünne, salzige und bräunliche Sauce, die aus Fisch, Krabben und Salz hergestellt wird. Die fermentierten Fische lagern mindestens ein Jahr in Fässern, je länger, umso besser und teurer wird die Sauce. Sie hat einen sehr intensiven Duft und wird zum Abschmecken aller Thai-Gerichte oder als Salzersatz benutzt. Die Fischsauce ist auch eine wichtige Grundlage für weitere Würzsaucen, z.B. für die Chilisauce mit Koriander (S. 30).

Tips! Sie können das Gericht mit 2 EL Kokossahne (dicke Schicht oben auf der Kokosmilch) garnieren. Sie mildert den scharfen Currygeschmack.

Rindfleisch mit grünen Bohnen

Sehr scharf · Gelingt leicht

Pad Phet Tua Fak Jao

Zutaten für 4–6 Portionen:
400 g Rindfleisch aus der Hüfte
2 EL helle Sojasauce
½ TL schwarzer Pfeffer, frisch gemahlen
5 EL getrocknete Shrimps
300 g Schlangenbohnen (ersatzweise grüne Bohnen)
5 Kaffir-Zitronenblätter
5 EL Öl
2 EL Rote Currypaste (S. 26)
2 EL Fischsauce
3 EL Zucker

Zubereitungszeit: 30 Min. (+ 15 Min. Marinieren + 25 Min. für die Paste)

Bei 6 Portionen pro Portion: 1100 kJ/260 kcal

1 Rindfleisch kalt abwaschen und trockentupfen. Dann von den Sehnen befreien und quer zur Faser in etwa 4 cm lange und 1 cm breite Streifen schneiden, mit Sojasauce und Pfeffer vermischen und etwa 15 Min. zugedeckt im Kühlschrank marinieren lassen. Inzwischen Shrimps im Mörser oder Mixer fein zerkleinern und beiseite stellen.

2 Einen großen Topf mit 1 l Wasser zum Kochen bringen, währenddessen Bohnen putzen, in etwa 4 cm lange Stücke schneiden und waschen. Zitronenblätter waschen, längs aufrollen und in hauchdünne Streifen schneiden. Bohnen in sprudelnd kochendem Wasser etwa 1 Min. blanchieren, dann in ein Sieb gießen und kalt abspülen.

3 Öl in einer Pfanne oder im Wok stark erhitzen, Rindfleischstreifen etwa 2 Min. scharf anbraten, dann die Hitze reduzieren. Rote Currypaste, Shrimps, Bohnen, Fischsauce und Zucker hinzufügen und alles bei mittlerer Hitze in etwa 4 Min. durchbraten. Gelegentlich umrühren. Gericht auf einer Platte anrichten, Zitronenblätterstreifen darüber streuen.

Variante: Selbstverständlich können Sie auch Schweinefleisch oder Hühnerbrustfilet in Streifen geschnitten verwenden.

Tip! Sie können die Bohnen auch in etwa 8 cm lange Stücke teilen, wie im Rezept angegeben blanchieren und nach dem Abkühlen die einzelnen Stücke vorsichtig verknoten. Das sieht nett aus.

Gelbes Rindfleischcurry

Aus Südthailand · Scharf

Gäng Garrieh Nüa

Zutaten für 4–6 Portionen:
4 mittelgroße Kartoffeln, vorwiegend festkochend
600 g Rinderschmorbraten aus der Hüfte
15 Schalotten
1 Dose ungesüßte Kokosmilch (400 ml)
2 EL Gelbe Currypaste (S. 28)
3 EL Fischsauce
160 g Zucker
1 mittelgroße Salatgurke
1 frische rote Peperoni
1/8 l Reisessig, ersatzweise milder Weinessig
1 TL Salz · 10 EL Öl

Zubereitungszeit: 40 Min. (+ 1 Std. 20 Min. Garzeit + 25 Min. für die Paste)

Bei 6 Portionen pro Portion: 2000 kJ/480 kcal

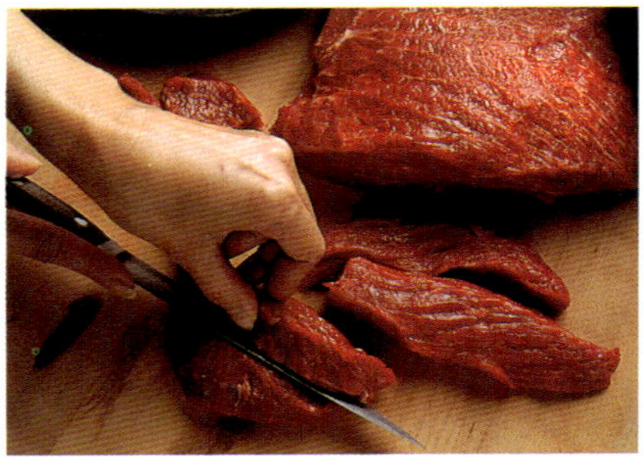

1 Kartoffeln schälen. Rindfleisch kalt abwaschen und trockentupfen. Rindfleisch und Kartoffeln in etwa 2 cm große Würfel schneiden. Schalotten schälen, halbieren und in Scheiben schneiden.

2 In einem Topf 4 EL von der dickeren Schicht oben auf der Kokosmilch erhitzen, einmal aufkochen lassen, Gelbe Currypaste hineinrühren, etwa 2 Min. bei schwacher Hitze köcheln lassen. Rindfleisch dazugeben, Hitze wieder erhöhen und nach und nach restliche Kokosmilch einrühren und gut ½ l Wasser hinzufügen.

3 Fischsauce und 1 EL Zucker dazugeben, dann alles etwa 50 Min. mit halb geöffnetem Deckel bei schwacher Hitze köcheln lassen. Nach dieser Zeit Kartoffelwürfel hinzufügen und weitere 30 Min. leicht kochen lassen.

4 Inzwischen Gurke schälen oder gründlich waschen, der Länge nach vierteln und in feine Scheiben schneiden. Peperoni waschen, Stielansatz entfernen und in feine Ringe schneiden. Danach die Hände keinesfalls in die Nähe der Augen bringen, am besten sofort gründlich waschen, denn Chili brennt wie Feuer. Für den Salat 3 EL Schalottenscheiben, die Peperoniringe und Gurkenscheiben in eine Schüssel geben. Für die Sauce Essig, 150 g Zucker und Salz in einem kleinen Topf aufkochen lassen, gut verrühren und anschließend abkühlen lassen.

5 Öl in einer Pfanne erhitzen, restliche Schalottenscheiben darin bei starker Hitze unter ständigem Wenden goldgelb braten, Öl abgießen und Schalotten zur Seite stellen.

6 Gegartes Rindfleischcurry in eine Schüssel geben, gebratene Schalotten darüber streuen. Mit der abgekühlten Essigsauce den Gurkensalat anmachen.

Info: Bei dem Gelben Rindfleischcurry fehlt die süße Nuance. Deshalb wird hierzu ein süß-saurer Salat gereicht.

Tip! Sie können auch Hähnchenteile mit Knochen verwenden.

Grünes Rindfleischcurry

Aus Bangkok · Sehr scharf

Gäng Kiau Wan Nüa

Zutaten für 4–6 Portionen:
500 g Rinderfilet
½ TL Salz
je ½ rote und grüne Peperoni
4 thail. Auberginen, etwa 200 g
50 Basilikumblätter (Bai Horapha)
1 Dose ungesüßte Kokosmilch (400 ml)
2 EL Grüne Currypaste (S. 26)
4 EL Fischsauce
3 EL Palmzucker, ersatzweise brauner Zucker

Zubereitungszeit: 30 Min.
(+ 25 Min. für die Paste)

Bei 6 Portionen pro Portion:
800 kJ/190 kcal

1 Rinderfilet kalt abwaschen und trockentupfen. Dann in sehr feine Streifen von etwa 4 cm Länge schneiden. Mit Salz verrühren. Peperonihälften waschen, Stiel und weiße Kerne entfernen und die Schotenhälften in Streifen schneiden.

2 Aubergine waschen, der Länge nach vierteln, Stielansatz entfernen, dann die Viertel in 2 cm große Würfel schneiden und in Wasser legen. Basilikumblätter waschen und trockenschütteln.

3 In einem Topf 4 EL von den dickeren Schicht oben auf der Kokosmilch etwa 1 Min. kochen lassen, Grüne Currypaste einrühren. Rindfleisch und restliche Kokosmilch dazugeben. Die Dose ¼ hoch mit Wasser füllen, ausschwenken und die Flüssigkeit zum Rindfleisch geben. Alles etwa 3 Min. bei mittlerer Hitze leicht kochen lassen.

4 Auberginenwürfel aus dem Wasser nehmen. Peperonistreifen, Fischsauce, Auberginenwürfel und Zucker zum Rindfleisch geben und etwa 2 Min. kochen lassen, Basilikumblätter unterrühren, dann das Gericht servieren.

Variante: Anstelle der Aubergine können Sie auch eine Dose ganze Bambussprossen (540 ml) verwenden. Spülen Sie die Bambussprossen ab und schneiden Sie sie in feine Streifen. Die Garzeit bleibt die gleiche.

Basilikum

In der thailändischen Küche werden drei verschiedene Sorten Basilikum verwendet, die alle zur gleichen botanischen Familie gehören: Bai Horapha (Ocimum basilicum), Bai Grapau (Ocimum sanctum) und Bai Manglak (Ocimum carnum). Am häufigsten nehmen die Thais Bai Horapha. Es ist geschmacksintensiver als unser europäisches Basilikum, und der Duft erinnert an Anis. Dennoch läßt Bai Horapha sich notfalls durch unser Basilikum ersetzen.

Die indischen Hindus brachten das »geheiligte Basilikum« (Ocimum sanctum) nach Thailand, wo es Bai Grapau heißt. Es hat rötliche bis violette Stengel, manchmal sind auch Blüten und Blätter rötlich gefärbt. Es duftet besonders würzig und schmeckt ein bißchen wie Medizin. Bai Manglak hat leicht behaarte Blätter und wird ebenfalls gerne für Currys, Salate und Suppen verwendet.

Sie sollten auf alle Fälle versuchen, die in den Rezepten angegebenen Basilikumsorten zu verwenden: Ziehen Sie sich diese in Blumenkästen. Die Samen bekommen Sie im Asien-Laden oder bei speziellen Samenversandhäusern.

Bai Horapha (unten) und Bai Grapau würzen viele Thaigerichte.

Fleischspießchen

Muh Saté

Festlich · Braucht etwas Zeit

Zutaten für 4 Portionen:
500 g Schweinefleisch (Nuß)
etwa 40 Holzspießchen
1 Stück frischer Galgant (2 cm)
1 Stengel frisches Zitronengras
1 TL Koriandersamen
1 TL Kreuzkümmelkörner
½ TL Salz
½ TL schwarzer Pfeffer, frisch gemahlen
100 g Zucker
1 EL Currypulver
1 Dose ungesüßte Kokosmilch (400 ml)
1 Salatgurke
5 Schalotten
1 frische rote Peperoni
¼ l Reisessig, ersatzweise milder Weinessig
Zum Abschmecken:
etwas Reisessig und Zucker
1 Schale Erdnußsauce (S. 35)

Zubereitungszeit: 1 Std. (+ 1 Std. Marinieren + 25 Min. für die Sauce)

Pro Portion: 2100 kJ/500 kcal

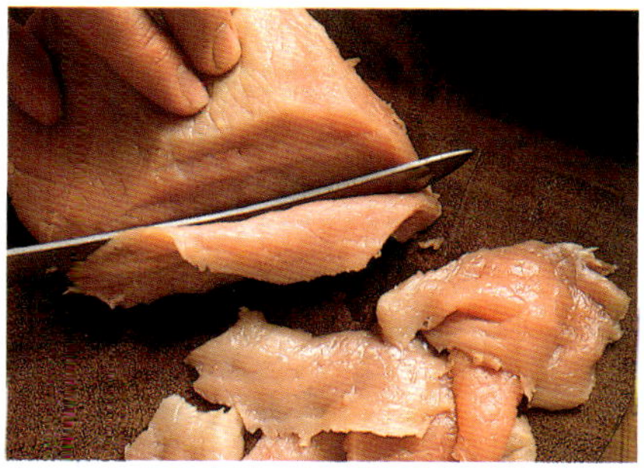

1 Schweinefleisch kalt abwaschen und trockentupfen. Dann quer zur Faser in dünne Scheiben schneiden, diese dann in etwa 10 cm lange und 3 cm breite Streifen schneiden. Holzspießchen in Wasser einlegen, damit sie später auf dem Grill nicht so leicht verbrennen.

2 Galgant schälen und kleinhacken, Zitronengras waschen und in dünne Scheiben schneiden. Beides zusammen mit Koriandersamen und Kreuzkümmelkörnern im Mörser zerstoßen. Salz, Pfeffer, 1 EL Zucker, Currypulver und 3 EL von der dicken Schicht oben auf der Kokosmilch ebenfalls untermischen. Schweinefleisch anschließend mit dieser Mischung würzen.

3 Schweinefleisch zugedeckt im Kühlschrank mindestens 1 Std. marinieren lassen. Anschließend der Länge nach ziehharmonikaartig auf die eingeweichten Spießchen stecken.

4 Für den Salat Gurke schälen oder gründlich waschen, der Länge nach vierteln und in hauchdünne Scheiben schneiden. Schalotten schälen und ebenfalls in hauchdünne Scheiben schneiden. Peperoni waschen, entstielen, entkernen und in dünne Ringe schneiden. Danach gründlich die Hände waschen.

5 Für die Sauce ⅛ l Wasser mit Essig, dem restlichen Zucker und 1 Msp. Salz etwa 1 Min. kochen und anschließend abkühlen lassen.

6 Kurz vor dem Servieren die Gurkenmischung mit abgekühlter Sauce mischen und mit Essig und Zucker süß-sauer abschmecken.

7 Spießchen auf dem Holzkohlengrill etwa 3 Min. je Seite oder im Backofen oben mit Oberhitze etwa 15 Min. garen, bis sie gebräunt sind. Mit lauwarmer Erdnußsauce und dem Salat servieren.

Variante: Sie können auch Rinder- oder Hühnerbrustfilet verwenden.

Tip! In Asien-Läden werden auch fertige Gewürzmischungen für Saté (auch: Satay) geführt. Fragen Sie danach! Auch die Erdnußsauce gibt es dort im Beutel fertig gemischt zu kaufen.

Schweinefilet mit Ananas

Muh Ob Sapparot

Festlich · Gelingt leicht

Zutaten für 4–6 Portionen:
4 große Scheiben Ananas (frisch oder aus der Dose)
800 g Schweinefilet
1 TL Salz
½ TL schwarzer Pfeffer, frisch gemahlen
1 EL Mehl
2 EL süße Sojasauce
2 EL brauner Zucker
2 EL Reisessig, ersatzweise milder Weinessig
10 EL Ananassaft
3 EL Öl
2 Lorbeerblätter
einige Salatblätter
2 Tomaten zum Garnieren

Zubereitungszeit: 30 Min. (+ 1 Std. Marinieren)

Bei 6 Portionen pro Portion: 1500 kJ/360 kcal

1 Frische Ananas schälen, 4 Scheiben von etwa 1 cm Dicke abschneiden, den Strunk aus der Mitte herausschneiden. Ananasscheiben aus der Dose abtropfen lassen, Saft dabei auffangen. Schweinefilet kalt abwaschen und trockentupfen. Dann enthäuten und quer zur Faser in etwa 1 cm dicke Scheiben schneiden, leicht klopfen und mit Salz, Pfeffer, Mehl, Sojasauce, Zucker, Essig und Ananassaft vermischen. Etwa 1 Std. zugedeckt im Kühlschrank marinieren lassen.

2 Öl in einer Pfanne oder im Wok erhitzen, Fleisch hineingeben, Marinierflüssigkeit darüber gießen und Lorbeerblätter dazugeben. Mit geschlossenem Deckel bei mittlerer Hitze etwa 3 Min. schmoren lassen, dann Fleischscheiben wenden und Ananasscheiben hinzugeben. Bei mittlerer Hitze mit geöffnetem Deckel etwa 3 Min. unter gelegentlichem Umrühren schmoren lassen, bis der Fond eingedickt ist.

3 Salatblätter waschen und trockenschütteln. Tomaten waschen, vierteln und Stielansätze entfernen.

4 Ananasscheiben auf eine Servierplatte legen, Filetscheiben darauf geben und das Gericht mit Salatblättern und geviertelten Tomaten garnieren.

Variante: Sehr gut eignet sich für dieses Gericht auch Rinderfilet. Sie können es genauso zubereiten wie das Schweinefilet, auch die Garzeiten bleiben gleich.

Tip! Am besten nehmen Sie Eissalatblätter, da sie sehr knackig sind.

Süß-saure Fleischbällchen

Würzig · Gelingt leicht

Pad Priau Wan Luukschin Sapparot

Zutaten für 4–6 Portionen:
5 Knoblauchzehen
½ TL schwarzer Pfeffer, frisch gemahlen
1 TL Salz
500 g gemischtes fein durchgedrehtes Hackfleisch
1 kleine frische Ananas
je ½ rote und grüne Paprikaschote
3 EL Fischsauce
2 EL Reisessig, ersatzweise milder Weinessig
3 EL Zucker
1 TL Speisestärke
10 EL Öl

Zubereitungszeit: 45 Min.

Bei 6 Portionen pro Portion: 1800 kJ/430 kcal

1 Knoblauch schälen, mit Pfeffer und Salz im Mörser zerstoßen. Hackfleisch mit dieser Paste vermischen, sehr gründlich durchkneten und zu etwa 25 glatten Bällchen von etwa 2 cm Durchmesser formen. Die Bällchen dürfen keine Risse haben.

2 Ananas schälen, braune Augen herausstechen, der Länge nach vierteln, den Strunk entfernen und das Fruchtfleisch in feine Streifen schneiden. Paprikaschotenhälften waschen, Stiel, weiße Rippen und Kerne entfernen, Schoten vierteln und in feine Streifen schneiden. Für die Sauce Fischsauce, Reisessig, 5 EL Wasser, Zucker und Speisestärke in einer kleinen Schüssel glattrühren.

3 Öl in einer großen Pfanne oder im Wok erhitzen. Die Schweinefleischbällchen bei mittlerer Hitze etwa 3 Min. rundum braun braten. Überschüssiges Öl abgießen, Ananasstreifen und Paprikastreifen zu den Fleischbällchen geben und etwa 1 Min. bei starker Hitze durchbraten. Vorbereitete Sauce dazugießen, einmal kurz aufkochen lassen und vorsichtig rühren, damit die Bällchen die Sauce annehmen.

Tip! Damit die Hackfleischbällchen beim Braten nicht auseinanderfallen, sollten Sie möglichst sehr fein durchgedrehtes Hackfleisch verwenden. Evtl. können Sie das Fleisch vor der Zubereitung auf einem Brett feiner durchhacken.

Schweinefleisch mit Bambus

Scharf · Gelingt leicht

Pad Phet Muh Sei Noh Mai

Zutaten für 4–6 Portionen:
400 g Schweinefleisch (Oberschale oder Nuß)
3 EL Fischsauce
½ TL schwarzer Pfeffer, frisch gemahlen
1 Dose ganze Bambussprossen (540 ml)
je ½ rote und grüne Paprikaschote
5 EL Pflanzenöl
2 EL Gelbe Currypaste (S. 28)
2 EL Zucker

Zubereitungszeit: 30 Min. (+ 25 Min. für die Paste)

Bei 6 Portionen pro Portion: 1200 kJ/290 kcal

1 Schweinefleisch in etwa 1 cm breite und 4 cm lange Streifen schneiden, mit 1 EL Fischsauce und Pfeffer vermischen und etwa 10 Min. marinieren lassen.

2 Inzwischen Bambussprossen in ein Sieb geben, kalt abspülen und in feine Streifen schneiden. Paprikahälften waschen, von Stielansatz, Trennwänden und Kernen befreien und ebenfalls in feine Streifen schneiden.

3 Öl in einer Pfanne oder im Wok erhitzen, Schweinefleisch bei mittlerer Hitze etwa 2 Min. anbraten. Gelbe Currypaste dazugeben und gut unter das Fleisch mischen. Hitze erhöhen, Bambussprossen, Paprikastreifen, 2 EL Fischsauce, Zucker und etwas Wasser hinzufügen. Alles bei starker Hitze etwa 2 Min. weiterdünsten. Dabei ständig umrühren.

Variante: Sie können anstelle der Schweinefleischstreifen Hühnerbrustfilet oder Rinderfilet verwenden.

Bambussprossen

Bambussprossen werden geschnitten, sobald sie etwa 20 cm lang sind.

Aus den Wurzeln einer bestimmten Bambusart, die in Thailand weit verbreitet ist, wachsen oberirdisch die spitzkegelförmigen Schößlinge. Sie werden geschnitten, sobald sie 15–20 cm aus der Erde ragen. Die braune bis schwarze Schale wird entfernt, der weiß-gelbliche Innenteil ist zart und kann gegessen werden. In Asien-Läden sind Bambussprossen oft frisch erhältlich. Da sie frisch aber ziemlich streng riechen, bevorzugen die meisten Europäer die bereits vorgekochten aus der Dose. Achten Sie bei Dosenware darauf, daß sie ganze, also nicht in Scheiben oder Streifen geschnittene Bambussprossen enthält. Sie sind knackiger und von besserer Qualität. Wenn Sie den Inhalt einer Dose nicht gleich verbrauchen, sollten Sie die Sprossen in ein Glas- oder Plastikgefäß umfüllen und täglich mit frischem Wasser bedecken. So halten sie sich über eine Woche im Kühlschrank.

Reis mit Garnelen

Khao Pad Gung

Festlich · Gelingt leicht

Zutaten für 4 Portionen:
500 g mittelgroße rohe Garnelen mit Kopf und Schwanz
2 EL helle Sojasauce
½ TL schwarzer Pfeffer, frisch gemahlen
2 mittelgroße Zwiebeln
2 Frühlingszwiebeln
3 Knoblauchzehen
1 Salatgurke · 5 EL Öl
750 g gekochter, abgekühlter Reis (aus 250 g ungekochtem Reis, S. 82)
3 EL Fischsauce
2 EL Tomatenketchup · 1 TL Zucker

Zubereitungszeit: 40 Min. (+ 20 Min. für den Reis)

Pro Portion: 1900 kJ/450 kcal

1 Garnelen von Kopf und Schale befreien. Das Schwanzende bleibt am Körper. Garnelen am Rücken längs leicht einschneiden, Darm entfernen. Garnelen waschen, abtrocknen. Sojasauce und Pfeffer mischen, Garnelen darin etwa 10 Min. marinieren.

2 Inzwischen Zwiebeln schälen, in dünne Ringe schneiden. Frühlingszwiebeln putzen, waschen, der Länge nach halbieren und in etwa 3 cm lange Stücke schneiden. Knoblauch schälen und fein hacken. Gurke gründlich waschen und in etwa ½ cm dicke Scheiben schneiden.

3 Öl in einer großen Pfanne oder im Wok erhitzen, Knoblauch darin bei mittlerer Hitze in etwa 2 Min. goldgelb braten. Garnelen hinzufügen und etwa 1 Min. bei starker Hitze anbraten, bis sie hellrot werden. Zwiebelringe hinzufügen und ebenfalls etwa 1 Min. anbraten.

4 Reis, Frühlingszwiebeln, Fischsauce, Tomatenketchup und Zucker dazugeben und alles bei starker Hitze etwa 2 Min. weiterschmoren, bis es sehr heiß ist. Das Gericht ab und zu umrühren, mit Fischsauce abschmecken und auf Teller verteilen, mit Gurkenscheiben garnieren.

Variante: Anstelle der Garnelen können Sie auch 300 g in feine Streifen geschnittenes Schweineschnitzel oder 300 g Hühnerbrustfilet, ebenfalls in Streifen geschnitten, verwenden.

Drei-Freunde-Curry

Gäng Ped Drei Mitt

Festlich · Scharf

Zutaten für 4–6 Portionen:
200 g Schweinefleisch (Oberschale)
200 g Rinderschmorfleisch (Hüfte)
200 g Hühnerbrustfilet
1 Dose ungesüßte Kokosmilch (400 ml)
2 EL Massaman-Currypaste (S. 28)
1 daumengroßes Stück frischer Ingwer
2 Knollen eingelegter Knoblauch (S. 35)
4 EL Fischsauce · 3 EL Palmzucker

Zubereitungszeit: 1 Std. (+ 25 Min. für die Paste)

Bei 6 Portionen pro Portion: 880 kJ/210 kcal

1 Schweine-, Rind- und Hühnerfleisch getrennt quer zur Faser in etwa 1 cm breite und 4 cm lange Streifen schneiden.

2 Von der dickeren Schicht oben auf der Kokosmilch 4 EL in einem Topf aufkochen lassen, etwa 1 Min. bei mittlerer Hitze köcheln lassen, Massaman-Currypaste hineingeben und gut verrühren. Rindfleisch, ⅛ l Wasser und restliche Kokosmilch dazugeben und bei mittlerer Hitze etwa 30 Min. mit halb geöffnetem Deckel köcheln lassen.

3 In der Zwischenzeit Ingwer schälen und in feine Streifen schneiden. Eingelegten Knoblauch schälen, in Scheiben schneiden und beiseite stellen.

4 Hühner- und Schweinefleischstreifen, Fischsauce und Palmzucker zum Rindfleisch geben und alles etwa 10 Min. bei mittlerer Hitze köcheln lassen. In einer Schüssel anrichten, Knoblauchscheiben und Ingwerstreifen auf dem Currygericht verteilen.

Tip! Wenn Sie keinen eingelegten Knoblauch mögen oder gerade keinen haben, können Sie auch 1 EL Zitronensaft im Currygericht mitkochen. Dann haben Sie keinen Knoblauchgeschmack, aber die leicht säuerliche Nuance, die der eingelegte Knoblauch ebenfalls bewirken würde.

Reis mit Meeresfrüchten

Aromatisch · Gelingt leicht

Khao Pad Talee

Zutaten für 4 Portionen:
500 g gemischte Meeresfrüchte (Garnelen, Tintenfisch, Filets von Meeresfischen), küchenfertig vorbereitet
8 Knoblauchzehen
3 Frühlingszwiebeln
2 mittelgroße Tomaten
3 Stengel frischer Koriander
1 Salatgurke · 5 EL Öl
750 g gekochter, abgekühlter Reis (aus 250 g ungekochtem thailändischem Reis, S. 82)
3 EL Fischsauce
2 EL Tomatenketchup
1 TL Zucker
1 Schale Chilisauce mit Koriander (S. 30)

Zubereitungszeit: 25 Min. (+ 20 Min. für den Reis + 15 Min. für die Sauce)

Pro Portion: 3800 kJ/900 kcal

1 Meeresfrüchte waschen und gut abtropfen lassen. Knoblauch schälen und fein hacken. Frühlingszwiebeln waschen, der Länge nach halbieren und in etwa 3 cm lange Stücke schneiden. Tomaten waschen und achteln, dabei den Stielansatz entfernen. Koriander waschen, trockenschütteln und grob hacken. Gurke schälen und in etwa ½ cm dicke Scheiben schneiden.

2 Öl in einer Pfanne oder im Wok erhitzen, Knoblauch darin bei mittlerer Hitze in etwa 2 Min. goldgelb braten. Meeresfrüchte hinzugeben und bei starker Hitze etwa 2 Min. durchschwenken. Reis, Fischsauce, Tomatenketchup, Tomatenachtel, Frühlingszwiebel und Zucker beigeben, alles etwa 2 Min. unter ständigem Rühren weiterschmoren.

3 Das Gericht auf einer Platte anrichten, mit den Gurkenscheiben garnieren, Koriander darüber streuen. Servieren Sie zu diesem Gericht Chilisauce mit Koriander.

Tip! Gebratener Reis ist in Thailand sehr beliebt und wird an jeder Straßenecke frisch und sehr phantasievoll zubereitet. Damit der Reis beim Braten nicht klebrig wird, ist es wichtig, daß er vollkommen abgekühlt war. Besonders schnell lassen sich Gerichte mit gebratenem Reis zubereiten, wenn Sie schon am Vortag die entsprechende Menge mehr kochen.

Reissorten

Reis ist das Grundnahrungsmittel Nummer eins für die Thais. Er wird in so großen Mengen angebaut, daß Thailand auch noch als Reisexporteur weltweit an erster Stelle steht. Die ertragreichsten Reisfelder liegen in der Zentralebene auf beiden Seiten des Chao-Phraya-Flusses. Aber auch in den anderen Regionen des Landes wird Reis angebaut und bestimmt noch heute den Lebenszyklus der ländlichen Bevölkerung. Es werden zwei bis drei Ernten pro Jahr eingebracht. Im zentralen Tiefland und in Südthailand essen die Menschen am liebsten thailändischen Duftreis (Khao Hom), den wir Ihnen auch empfehlen. Sie bekommen diesen Langkornreis in Asien-Läden, er ist zwar etwas teurer als andere Sorten, aber dafür schmeckt er am allerbesten und macht auch seinem Namen alle Ehre: Beim Kochen verströmt er einen wunderbaren Duft. Die Thais im Norden und Nordosten des Landes bevorzugen einen Rundkornreis, den Klebreis (Khao Niau). Dieser Klebreis spielt übrigens bei der Zubereitung von Desserts in ganz Thailand eine große Rolle (z.B. Mango mit Klebreis, S. 132).

Diese Akha-Frau worfelt geschickt den Reis, um ihn zu entspeltzen.

Thailändischer Duftreis

Grundrezept · Geht schnell

Khao Suay

Zutaten für 4 Portionen:
250 g thailändischer Duftreis
etwa ¾ l Wasser

Zubereitungszeit: 20 Min.

Pro Portion: 910 kJ/220 kcal

1 Reis in ein Sieb geben, mit kaltem Wasser gründlich abspülen und dann in einen großen Topf geben. So viel Wasser hinzufügen, daß es etwa 2 cm über dem Reis steht.

2 Reis zugedeckt zum Kochen bringen, dann den Deckel abnehmen und die Hitze verringern. Wenn der Reis leicht köchelt, Deckel wieder auflegen und den Reis bei schwacher Hitze etwa 20 Min. leicht kochen lassen, bis er das Wasser vollständig aufgenommen hat.

Tip! Lassen Sie für Gerichte mit gebratenem Reis den Reis ohne Deckel vollständig auskühlen.

Reis mit gelbem Currypulver

Aus Südthailand · Gelingt leicht

Khao Pad Pong Garrieh

Zutaten für 4 Portionen:
400 g Hühnerbrustfilet
1 EL Currypulver
4 EL Fischsauce
3 mittelgroße Kartoffeln, festkochend
einige Eissalatblätter zum Garnieren
½ Salatgurke
5 Schalotten
8 EL Öl
750 g gekochter, abgekühlter Reis (aus 250 g ungekochtem thailändischem Reis, s.o.)
1 Schale Peperoni in Essig (S. 32)
2 TL Zucker

Zubereitungszeit: 30 Min. (+ 20 Min. Marinieren + 20 Min. für den Reis + 5 Min. für die Peperoni)

Pro Portion: 2100 kJ/500 kcal

1 Hühnerbrust in mundgerechte Würfel schneiden. Currypulver mit 1 EL Fischsauce verrühren, dann die Fleischwürfel untermischen und etwa 20 Min. zugedeckt im Kühlschrank marinieren lassen.

2 Inzwischen Kartoffeln schälen und in 2 cm große Würfel schneiden. Kartoffelwürfel in einen Topf mit Wasser geben und in etwa 20 Min. nicht zu weich kochen. In ein Sieb gießen und zur Seite stellen. Salatblätter waschen und trockenschütteln. Gurke waschen und in dünne Scheiben schneiden.

3 Schalotten schälen, halbieren und in Scheiben schneiden. Öl in einer großen Pfanne oder im Wok stark erhitzen, Schalotten darin bei starker Hitze kurz anbraten. Marinierte Hühnerbrustwürfel und Kartoffelwürfel hinzufügen. Bei starker Hitze unter ständigem Rühren etwa 2 Min. garen. Reis und 3 EL Fischsauce dazugeben, alles gut vermischen und bei mittlerer Hitze in etwa 2 Min. heiß werden lassen.

4 Salatblätter und Gurkenscheiben auf einer Platte anrichten, das Gericht daraufgeben. Dazu passen Peperoni in Essig, die mit 2 TL Zucker vermischt werden.

Variante: Sie können diesen Reis auch mit gebratenen Hähnchenteilen zubereiten. Dazu braten Sie die mit Currypulver und Fischsauce marinierten Hähnchenteile im Backofen in der Mitte bei 190° (Gas Stufe 2) etwa 30 Min.

Reisnudeln mit Tintenfisch

Festlich · Geht schnell

Guai Thiau Plaah Mük

Zutaten für 4 Portionen:
500 g Tintenfisch (ohne Kopf und Fangarme), küchenfertig vorbereitet
200 g Broccoli
5 Knoblauchzehen
2 mittelgroße Zwiebeln
200 g Reisnudeln (1–2 cm breit)
8 EL Öl
2 EL süße Sojasauce
3 EL Fischsauce
1 EL Zucker
außerdem: 1 Schale Peperoni in Essig (S. 32)
etwas Zucker
etwas Chilipulver

Zubereitungszeit: 25 Min.
(+ 5 Min. für die Peperoni)

Pro Portion: 1900 kJ/450 kcal

1 Tintenfisch unter fließendem Wasser säubern und der Länge nach vierteln. Tintenfischviertel kreuzweise einschneiden, dann in etwa 5 cm lange und 2 cm breite Streifen schneiden.

2 Broccoli putzen, in Röschen teilen und waschen. Stiele schälen, von holzigen Stellen befreien und in feine Scheiben schneiden. Knoblauch schälen und fein hacken. Zwiebeln schälen und vierteln.

3 In einem Topf reichlich Wasser zum Kochen bringen. Nudeln in etwa 3 Min. blanchieren (sprudelnd kochen), in ein Sieb gießen, mit kaltem Wasser abspülen und gut abtropfen lassen. Öl in einer Pfanne oder im Wok erhitzen, Knoblauch, Zwiebelviertel und Tintenfischstücke hineingeben und bei starker Hitze etwa 1 Min. braten. Dabei ständig rühren.

4 Broccoli dazugeben, alles nochmals etwa 2 Min. braten. Nudeln, Soja- und Fischsauce sowie den Zucker dazugeben, alles gut verrühren und heiß werden lassen.

5 Am Tisch werden zu diesem Gericht nach Belieben eine Portion Peperoni in Essig (S. 32) und je ein kleines Schälchen Zucker und Chilipulver gereicht; jeder schmeckt nach Belieben ab.

Tip! Die gekochten Nudeln dürfen keinesfalls trocken werden, da sie sonst nicht mit den anderen Zutaten zu vermischen sind. Daher müssen Sie bei Arbeitsschritt 3 und 4 zügig arbeiten.

Eiernudeln mit Sojasprossen

Mild · Geht schnell

Bamie Pad

Zutaten für 4 Portionen:
300 g chinesische Eiernudeln
200 g Sojabohnensprossen
2 Frühlingszwiebeln
3 Knoblauchzehen
50 g roher Schinken
3 EL Öl
2 EL Fischsauce
2 EL Austernsauce
1 EL Zucker

Zubereitungszeit: 20 Min.

Pro Portion: 1700 kJ/400 kcal

1 In einem Topf reichlich Wasser zum Kochen bringen. Nudeln hineingeben und etwa 4 Min. (nach Packungsvorschrift) garen. In ein Sieb gießen, mit kaltem Wasser kurz abspülen und gründlich abtropfen lassen.

2 Sojabohnensprossen waschen, evtl. braune Enden abschneiden. Frühlingszwiebeln putzen, der Länge nach halbieren, waschen und in etwa 3 cm lange Stücke schneiden. Knoblauch schälen und fein hacken. Schinken in kleine Würfel schneiden.

3 Öl in einer Pfanne oder im Wok erhitzen, Knoblauch und Schinken darin bei mittlerer Hitze etwa 1 Min. anbraten. Abgetropfte Nudeln dazugeben, gut untermischen und alles etwa 1 Min. braten.

4 Sojabohnensprossen, Frühlingszwiebeln, Fisch- und Austernsauce sowie den Zucker hinzufügen, alles gut vermischen und bei mittlerer Hitze etwa 2 Min. garen, bis die Zutaten heiß sind. Die Sojabohnensprossen sollten noch knackig sein. Das Gericht sofort servieren.

Info: Die braune Austernsauce (Naam Manhoy) ist relativ dickflüssig und wird aus fermentierten Austern und Fischen hergestellt. Sie wird meist zum Abschmecken bestimmter Gerichte verwendet, bei denen man eine Sauce erhalten möchte. Eher selten dient sie zum Nachwürzen am Tisch.

Pfannengerührte Nudeln

Aus der Zentralregion · Süß-sauer

Pad Thai Gung Sott

Zutaten für 4 Portionen:
400 g mittelgroße rohe Garnelen mit Kopf und Schwanz
3 EL Fischsauce
½ TL schwarzer Pfeffer, frisch gemahlen
3 Knoblauchzehen
5 Schalotten
100 g geröstete gesalzene Erdnüsse
100 g schnittfester Tofu
500 g Sojabohnensprossen
3 große grüne Lauchblätter
2 Limetten
200 g feine Reisnudeln (½ cm breit)
6 EL Öl
50 g getrocknete Shrimps
2 Eier
2 EL Reisessig, ersatzweise milder Weinessig
2 EL Zucker
2 EL helle Sojasauce
außerdem: etwas Chilipulver etwas Zucker
nach Belieben: 1 Schale Peperoni in Essig (S. 32)

Zubereitungszeit: 1 Std.

Pro Portion: 2400 kJ/570 kcal

1 Garnelen von Kopf und Schale befreien, das Schwanzende am Körper lassen. Garnelen am Rücken längs einschneiden und den Darm entfernen. Mit 1 EL Fischsauce und Pfeffer vermischen, dann etwa 10 Min. marinieren lassen. Knoblauch und Schalotten schälen und klein hacken. Erdnüsse im Mörser oder Mixer grob zerkleinern.

2 Tofu in etwa ½ cm große Würfel schneiden. Sojabohnensprossen waschen und beiseite stellen. Lauchblätter waschen und in etwa 4 cm lange und ½ cm breite Streifen schneiden. Limetten heiß waschen und vierteln.

3 In einem Topf Wasser zum Kochen bringen, Nudeln darin etwa 2 Min. sprudelnd kochen lassen, sofort in ein Sieb gießen und kalt abspülen. Öl im Wok erhitzen, Knoblauch, Schalotten, Tofu und getrocknete Shrimps darin bei starker Hitze 1–2 Min. anbraten. Garnelen hinzufügen, etwa 1 Min. durchschwenken und dann alles an den Rand schieben.

4 Eier in die freie Fläche der Pfanne oder des Woks schlagen, verrühren und bei mittlerer Hitze etwa 3 Min. braten, bis sie leicht braun geworden sind. Anschließend mit den anderen Zutaten in der Pfanne gut vermischen. Nudeln, die Hälfte der Sojabohnensprossen, Lauch, Essig, Zucker, 2 EL Fischsauce und Sojasauce dazugeben, alles schnell verrühren, heiß werden lassen und auf einer Platte anrichten. Das Gericht mit zerkleinerten Erdnüssen bestreuen.

5 Die übrigen Sojabohnensprossen etwa 1 Min. blanchieren (sprudelnd kochen). In 2 Schälchen die Sojabohnensprossen und die Limettenviertel anrichten. Dazu wird je ein kleines Schälchen Chilipulver und Zucker gereicht, die Geschmacksrichtung ist süß-sauer.

Info: Die Thais essen zu diesem Gericht gerne Bananenblüten. Falls Sie diese im Asien-Laden bekommen, schälen Sie die lila Außenhülle ab und schneiden Sie die weißen inneren Blätter der Länge nach. Damit sie nicht schwarz werden, müssen sie sofort in Zitronenwasser eingelegt werden. Achten Sie dabei auf Ihre Kleidung: Die Blüten machen hartnäckige Flecken.

Tip! Servieren Sie einmal Peperoni in Essig (S. 32) zu den pfannengerührten Nudeln.

Rinderhackfleisch-Salat

Aus Nordostthailand · Sehr scharf

Laab Nüa

Zutaten für 4 Portionen:
3 EL ungegarter Klebreis
500 g Rinderhackfleisch
4 EL Limettensaft
10 Schalotten
1 Stück frischer Galgant (2 cm)
5 Kaffir-Zitronenblätter
3 Stengel frischer Koriander
1 Bund Schnittlauch
30 frische Minzeblätter
4 EL Fischsauce
2 TL Chilipulver

Zubereitungszeit: 30 Min.

Pro Portion: 1400 kJ/330 kcal

1 Klebreis in einer schweren Pfanne ohne Öl bei mittlerer Hitze etwa 3 Min. rösten, bis er braun geworden ist. Abkühlen lassen und im Mörser oder im Mixer fein zerkleinern.

2 Rinderhackfleisch mit Limettensaft vermischen, gut durchkneten und etwa 5 Min. ruhen lassen. Schalotten schälen und in Ringe schneiden. Galgant schälen und fein hacken. Zitronenblätter waschen, trockentupfen, der Länge nach aufrollen und in hauchdünne Streifen schneiden. Koriander und Schnittlauch waschen, trockenschütteln und kleinschneiden. Minzeblätter ebenfalls waschen und trockenschütteln.

3 Einen Topf erhitzen, Rinderhackfleisch hineingeben und bei mittlerer Hitze etwa 5 Min. braten. Mit Fischsauce und Chilipulver würzen und alles gut durchrühren. Topf von der Platte ziehen und Klebreis, Zitronenblätterstreifen, Koriander, Schnittlauch, Galgant und Schalotten unterrühren.

4 Das Gericht auf einer Platte anrichten, mit Minzeblättern garnieren, lauwarm servieren.

Variante: Sie können auch Schweinehackfleisch oder gemischtes Hackfleisch verwenden.

Info: Der gebratene und dann zerkleinerte Klebreis gibt dem Salat seinen charakteristischen Geruch und macht die Sauce sämig. Den Reis immer frisch rösten!

Tip! Als Beilage reichen Sie verschiedene rohe Gemüsesorten, z.B. Weiß- oder Chinakohlblätter, Eis- oder Kopfsalatblätter.

Rindfleischsalat mit Koriander

Aus Bangkok · Scharf

Yam Nüa

Zutaten für 4 Portionen:
3 Knoblauchzehen
5 frische thailändische Chilischoten
4 EL Fischsauce
4 EL Limettensaft
1 EL Zucker
2 mittelgroße Zwiebeln
1 Bund Schnittlauch
1 Stengel frischer Koriander
500 g Rinderfilet
2 EL Öl

Zubereitungszeit: 50 Min.

Pro Portion: 1100 kJ/260 kcal

1 Für die Sauce Knoblauch schälen, Chilischoten waschen und entstielen. Nachdem Sie die Chilischoten angefaßt haben, sofort die Hände gründlich waschen. Keinesfalls an die Augen oder an die Schleimhäute bringen! Knoblauch und Chilischoten im Mörser zerstoßen und in eine Schüssel geben. Mit Fischsauce, Limettensaft und Zucker verrühren.

2 Zwiebeln schälen, längs halbieren und in feine Streifen schneiden. Schnittlauch waschen, trockenschütteln und in etwa 3 cm lange Stücke schneiden. Koriander waschen, trockenschütteln und grob hacken.

3 Rinderfilet kalt abspülen und trockentupfen. Dann von Haut und Sehnen befreien und in etwa 2 cm dicke Steaks schneiden. Öl in einer großen Pfanne oder im Wok sehr heiß werden lassen und Fleischstücke darin bei starker Hitze pro Seite etwa 3 Min. medium braten. Steaks abkühlen lassen und in dünne Streifen schneiden.

4 Rindfleischstreifen, Zwiebeln, Schnittlauch und Koriander in die Schüssel zur Marinade geben und alles gut durchmischen.

Info: Rinderfilet ist das teuerste, aber auch das zarteste Stück vom Rind. Achten Sie beim Kauf darauf, daß das Fleisch eine dunkelrote Farbe hat, und fragen Sie Ihren Metzger, ob es gut abgehangen ist.

Tintenfischsalat

Yam Plaah Mük

Aus der Zentralregion · Sehr scharf

Zutaten für 4 Portionen:
je 1 mittelgroße rote und weiße Zwiebel
3 Knoblauchzehen
5 frische thailändische Chilischoten
1 Stengel frischer Koriander mit Wurzeln
3 EL Fischsauce
3 EL Limettensaft
1 TL Zucker
500 g Tintenfisch (ohne Kopf und Fangarme), küchenfertig vorbereitet

Zubereitungszeit: 1 Std.

Pro Portion: 440 kJ/100 kcal

1 Zwiebeln schälen, halbieren und die Hälften in feine Ringe schneiden. Knoblauch schälen, Chilischoten waschen und entstielen, Kerne entfernen. Danach Hände gründlich waschen! Koriander waschen, trockenschütteln und die Wurzel abschneiden. Stiele und Blätter kleinhacken.

2 Korianderwurzel mit Knoblauch und Chilischoten im Mörser zerkleinern, Mischung dann in eine Salatschüssel geben. Fischsauce, Limettensaft und Zucker dazugeben und alles gründlich verrühren.

3 Tintenfisch unter fließendem Wasser kalt abspülen und der Länge nach vierteln. Diese Stücke kreuzweise dünn einschneiden, dann in etwa 5 cm lange und 1 cm breite Streifen schneiden.

4 In einem Topf Wasser zum Kochen bringen. Tintenfischstücke darin etwa 1 Min. blanchieren (sprudelnd kochen), sofort abgießen und abtropfen lassen. Die warmen Tintenfischstückchen mit Zwiebeln und Koriander zur Sauce geben und alles gründlich vermischen. Den Salat lauwarm servieren.

Variante: Sie können auch einmal 200 g küchenfertige Garnelen zu dem Salat geben. Sie müssen die Garnelen etwa 2 Min. blanchieren (sprudelnd kochen), dann können Sie sie unter den Salat mischen. In diesem Fall genügen 300 g Tintenfisch.

Pikanter Hühnerbrustsalat

Laab Ock Gai

Scharf · Geht schnell

Zutaten für 4 Portionen:
2 EL ungegarter Klebreis
10 Schalotten
1 Bund Schnittlauch
40 frische Minzeblätter
500 g Hühnerbrustfilet
einige Salatblätter
2 TL Chilipulver
4 EL Fischsauce
1 TL Zucker
4 EL Limettensaft

Zubereitungszeit: 25 Min.

Pro Portion: 790 kJ/190 kcal

1 Klebreis in einer schweren Pfanne ohne Öl bei mittlerer Hitze etwa 3 Min. rösten, bis er braun geworden ist. Abkühlen lassen und im Mörser oder Mixer fein zerkleinern. Etwa 1 l Wasser in einem Topf zum Kochen bringen.

2 Schalotten schälen und in feine Ringe schneiden. Schnittlauch waschen, trockenschütteln und kleinschneiden. Minzeblätter waschen, trockenschütteln, 20 Blätter zur Seite legen, die andere Hälfte kleinhacken.

3 Hühnerbrustfilet kurz abwaschen, trockentupfen, ins kochende Wasser legen und etwa 5 Min. bei schwacher Hitze ziehen lassen, bis es gar ist. Herausnehmen und mit zwei Gabeln in etwa 4 cm lange und ½ cm breite Streifen zerpflücken. Salatblätter waschen und trockenschütteln.

4 Hühnerbruststreifen mit gestampftem Klebreis, Schalotten, Chilipulver, Schnittlauch, gehackten Minzeblättern, Fischsauce, Zucker und Limettensaft gut vermischen. Die Salatblätter extra reichen oder das Gericht auf den Salatblättern anrichten, mit restlichen Minzeblättern garnieren.

Tips! Reichen Sie als Beilage rohe Streifen von geschnittenen Weißkohl- oder Chinakohlblättern und ganz kurz blanchierte grüne Schlangenbohnen.

Papayasalat

Aus Nordostthailand · Scharf

Somm Tamm Thai

Zutaten für 4 Portionen:
1 mittelgroße grüne unreife Papaya (500–600 g)
4 Knoblauchzehen
5 frische thailändische Chilischoten + 1 Chilischote zum Verzieren
2 mittelgroße Tomaten
50 g getrocknete Shrimps
50 g geröstete gesalzene Erdnüsse
3 EL Fischsauce
3 EL Zucker
4 EL Limettensaft

Zubereitungszeit: 25 Min.

Pro Portion: 690 kJ/160 kcal

1 Papaya schälen und der Länge nach halbieren. Kerne mit einem Löffel herauskratzen, Papayahälften abspülen und Fruchtfleisch mit einem Küchenhobel in feine Streifen raspeln.

2 Knoblauch schälen, Chilischoten waschen und entstielen. Danach Hände nicht an die Augen oder Schleimhäute bringen, Chili brennt wie Feuer! Tomaten waschen, achteln und Stielansätze entfernen. Knoblauch und 4 Chilischoten in einem großen Mörser zerstoßen, getrocknete Shrimps und Erdnüsse hinzugeben und grob zerstoßen. 1 Chilischote längs öfter einschneiden.

3 Papayastreifen nach und nach in den Mörser geben und vorsichtig mit dem Stößel zerstoßen. Dabei Papaya mit einem Löffel, den Sie in der anderen Hand halten, ständig wenden. Tomaten, Fischsauce, Zucker und Limettensaft hinzugeben. Tomaten leicht zerdrücken und alles gut durchmischen. In einer Schüssel mit der Chiliblume anrichten.

Tips! Verwenden Sie für diesen Salat nur unreife grüne Papayas. Wenn Sie keinen großen Mörser besitzen, nehmen Sie eine Schüssel und zerkleinern Sie die fein geraspelten Papayastreifen mit einem Weißkohlstampfer oder einem hölzernen Fleischklopfer. Knoblauch, Chilischoten und Erdnüsse können Sie dann in einem kleinen Mörser oder im Mixer separat zerkleinern und unter den Salat mengen.
Reichen Sie dazu gekochten Klebreis und rohes Gemüse, z.B. rohe halbierte Chinakohlblätter oder Weißkohl.

Papaya

Ursprünglich stammt diese Frucht aus Mexiko, sie wird aber seit dem 16. Jahrhundert in ganz Südostasien angebaut. Die langen, birnenförmigen Früchte wachsen auf Bäumen und gehören zur Familie der Feigen. Die Früchte werden in den Tropen bis zu 5 kg schwer. Die grün-gelbe, ledrige Schale muß vor dem Verzehr entfernt werden, ebenso die pfefferkorngroßen, schwarzglänzenden Kerne (diese werden pulverisiert als Fleischzartmacher angeboten). Das leuchtend orangefarbene Fruchtfleisch hat einen hohen Gehalt an Provitamin A, Vitamin C und Calzium. Es entwickelt sein Aroma am besten in Verbindung mit einigen Spritzern Limettensaft und schmeckt dann köstlich als Saft oder Creme. Reife Früchte erkennt man daran, daß sie auf Fingerdruck etwas nachgeben und die Schale eher gelblich und etwas runzelig ist. Unreife grüne Früchte werden wie Gemüse zubereitet oder für Salate genommen.

Die großen Papayas werden vor allem im Nordosten angebaut.

Pfannengerührtes Gemüse

Aus Bangkok · Gelingt leicht

Pad Paak Ruamit

Zutaten für 4 Portionen:
200 g Broccoli
150 g grüne Bohnen
200 g Mini-Maiskölbchen
200 g Chinakohl
300 g kleine Frühmöhren
3 Frühlingszwiebeln
5 Knoblauchzehen
5 EL Öl
3 EL Fischsauce
3 EL Austernsauce
1 EL Zucker
4 EL Reiswein
nach Belieben: 1 Schale Chilisauce mit Koriander (S. 30) oder 1 Schale Peperoni in Essig (S. 32)

Zubereitungszeit: 40 Min.

Pro Portion: 820 kJ/200 kcal

1 Broccoliröschen abschneiden, Stiele schälen und in dünne Streifen schneiden. Bohnen von den Enden befreien und halbieren.

2 Dickeres Ende der Maiskölbchen abschneiden, Maiskölbchen quer halbieren, dickere Kölbchen auch längs halbieren. Chinakohl putzen und in mundgerechte Stücke schneiden. Möhren gründlich putzen und der Länge nach vierteln. Diese Viertel nochmals quer halbieren.

3 Frühlingszwiebeln putzen, der Länge nach halbieren und in etwa 3 cm lange Stücke schneiden. Alle Gemüse gründlich waschen und gut abtropfen lassen. Frühlingszwiebeln und Chinakohl getrennt vom anderen Gemüse waschen und abtropfen lassen, da sie kürzer gegart werden.

4 Knoblauch schälen und fein hacken. Öl in einer großen Pfanne oder im Wok erhitzen, Knoblauch darin bei starker Hitze etwa 1 Min. anbraten. Broccoli, Möhren, Bohnen und Maiskölbchen dazugeben und unter ständigem Rühren etwa 2 Min. bei starker Hitze scharf anbraten. Frühlingszwiebeln, Chinakohl, Fisch- und Austernsauce sowie Zucker untermischen.

5 Mit Reiswein ablöschen und nochmals etwa 1 Min. bei mittlerer Hitze unter ständigem Rühren weiterbraten, bis das Gemüse gegart, aber noch knackig ist.

Variante: Sie können für dieses Gericht alle Gemüsesorten verwenden, die Sie gerade auf dem Markt finden. Besonders gut eignen sich auch grüner Spargel, Spinat, Pilze, Staudensellerie, Zuckerschoten und Blumenkohl. Achten Sie dabei auf die unterschiedlichen Garzeiten.

Info: Das Pfannenrühren ist bei den Thailändern eine beliebte Garmethode, denn das Gemüse behält seine frische Farbe und bleibt knackig. Zum Rühren wird ein großer Spatel oder spezielle Stäbchen verwendet. Natürlich können Sie auch einen Holzlöffel benutzen.

Tip! Reichen Sie einmal Chilisauce mit Koriander (S. 30) oder Peperoni in Essig (S. 32) dazu!

Gemüseplatte mit Dip

Sommergericht · Scharf

Pak Djim Naam Prik

Zutaten für 4–6 Portionen:
Gemüse zum Blanchieren:
100 g Schlangenbohnen
100 g Weißkohl
100 g Maiskölbchen
100 g Blumenkohl
100 g Chinakohl
100 g Möhren
Gemüse zum Braten:
100 g Auberginen
100 g Zwiebeln
Für den Eierkuchen:
3 EL Öl
150 g Spinat
5 Eier
½ TL Salz
Außerdem: 1 Schale Tomaten-Dip mit Hackfleisch (S. 36)

Zubereitungszeit: 30 Min. (+ 25 Min. für den Dip)

Bei 6 Portionen pro Portion: 1900 kJ/450 kcal

1 Alle Gemüse zum Blanchieren putzen und waschen, Schlangenbohnen in etwa 7 cm lange Stücke schneiden. Alles in sprudelnd kochendem Wasser etwa 2 Min. blanchieren. Abgießen und gut abtropfen lassen.

2 Auberginen waschen, in etwa ½ cm dicke Scheiben schneiden. Zwiebeln schälen und in etwa ½ cm dicke Ringe schneiden. Spinat waschen, trockenschütteln und grob hacken.

3 Öl in einer Pfanne erhitzen. Eier mit ½ TL Salz verquirlen. Nach Belieben Auberginen und Zwiebeln durch die Eiermasse ziehen. Das Gemüse mit oder ohne Eierteig portionsweise bei mittlerer Hitze in der Pfanne etwa 2 Min. anbraten, herausnehmen, auf Küchenpapier entfetten und warm halten. Spinat mit der Eiermasse vermengen und in der Pfanne bei mittlerer Hitze von jeder Seite etwa 2 Min. backen, bis die Eier fest sind. In rautenförmige Stücke schneiden.

4 Alle Zutaten auf einer großen Platte anrichten und mit Tomaten-Dip mit Hackfleisch servieren.

Info: Dieser scharfe Gemüse-Dip wird überall in Thailand gerne gegessen. Die Thailänder schnitzen die verschiedenen Gemüsesorten zu kunstvollen Formen. Dann sieht dieses Gericht natürlich noch hübscher aus.

Tip! Die Auswahl der Gemüsesorten können Sie je nach Saison und Geschmack treffen, es kann praktisch jedes Gemüse verwendet werden.

Geschnitztes Gemüse

Das Obst- und Gemüseschnitzen ist eine alte thailändische Kunst. Es gibt sogar eine eigene Berufsgruppe der Obst- und Gemüseschnitzer, die mit ihren Spezialmessern wahre Kunstwerke entstehen lassen: Eine Wassermelone wird zu einem Blumenkunstwerk, aus Möhren entstehen Rosen mit Blättern, Kürbisse werden in langer und mühevoller Arbeit zu dekorativen Serviergefäßen. Auch Tomaten, Gurken, Chilischoten, Zwiebeln, Papayas und Ananas verwandeln sich unter den unendlich geduldigen und geschickten Händen zu Nelken, Chrysanthemen, Rosen, Fischen und anderen Tieren.

Professionelle Gemüseschnitzer lassen solche Kunstwerke entstehen.

Ein Gedicht des Königs Rama II. erzählt die Geschichte einer Königin, die von einer Rivalin vom Hof vertrieben wurde. Sie kehrte als Küchengehilfin verkleidet an den Königshof zurück und machte ihren Sohn auf sich aufmerksam, indem sie Ereignisse aus ihrem Leben in Kürbisstücke schnitzte, die ihm serviert wurden. Er erkannte sie wieder, und sie kehrte auf den Thron zurück. Dieses Ereignis soll der Anfang der Obst- und Gemüseschnitztradition gewesen sein.

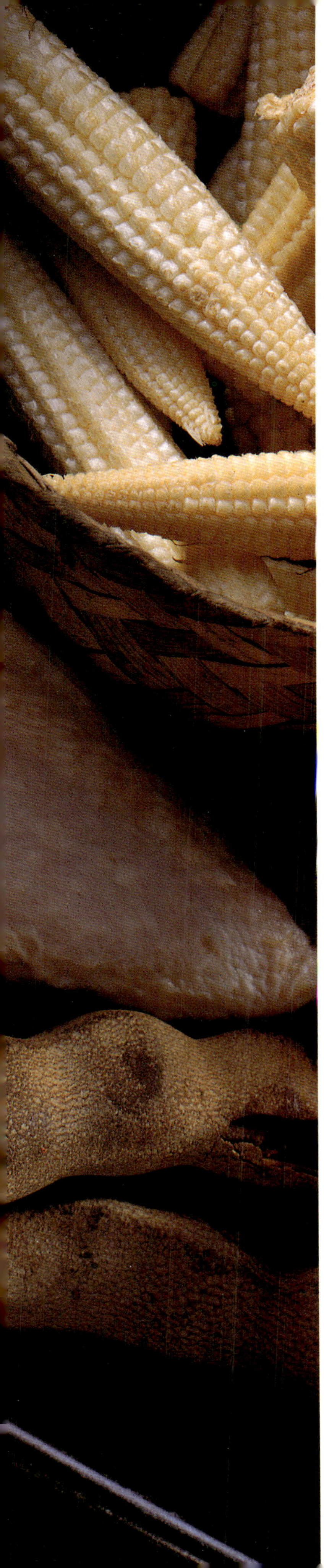

KÖSTLICHES MIT GEFLÜGEL

Geflügel ist bei den Thais ein wichtiger Eiweißlieferant und steht nach dem Fisch in dieser Hinsicht an zweiter Stelle. Der milde Geschmack paßt außerdem zu allen Gemüsen, und es läßt sich auch vorzüglich mit frischem Obst kombinieren. Bei sorgfältiger Vorbereitung lassen sich pfannengerührte Geflügelgerichte im Nu fertigstellen – ein großer Vorteil, wenn Sie Gäste erwarten. Hühnerfleisch schmeckt auch sehr gut in Verbindung mit anderen Fleischsorten, es paßt zu Rindfleisch, Schweinefleisch und auch zu Garnelen (Drei-Freunde-Curry S. 78). Hühnerteile, in verschiedenen Currys gegart, zählen zu den thailändischen Spezialitäten. Natürlich werden verschiedene Hähnchenteile von den Straßenverkäufern auch gegrillt angeboten, und man bedient sich gerne, wenn man Pai Thiau geht, d.h. ohne Ziel herumschlendert. Beliebt sind auch Spießchen mit Hühnerfleisch. Auf den Märkten werden frische Hühner und Hähnchen entweder ganz, halbiert, geviertelt oder aber schon in mundgerechte Stücke geteilt angeboten. Putenfleisch gibt es kaum, es kann aber in den folgenden Rezepten anstelle von Hühnerbrust verwendet werden. Eine Ente wird in Thailand zu besonderen Gelegenheiten als Festessen zubereitet.

Hühnerbrust mit Ananas

Süßlich · Gelingt leicht

Ock Gai Sapparot

Zutaten für 4–6 Portionen:
500 g Hühnerbrustfilet
1 EL Maismehl
2 EL helle Sojasauce
½ TL schwarzer Pfeffer, frisch gemahlen
je 1 rote und grüne Paprikaschote
1 mittelgroße Möhre
1 kleine frische Ananas
5 EL Öl
3 EL Fischsauce
2 EL Zucker
3 EL Reiswein

Zubereitungszeit: 20 Min. (+ 20 Min. Marinieren)

Bei 6 Portionen pro Portion: 950 kJ/230 kcal

1 Hühnerbrustfilet in etwa 2 cm große Würfel schneiden, mit Maismehl, Sojasauce und Pfeffer gut durchmischen und zugedeckt im Kühlschrank etwa 20 Min. marinieren lassen.

2 Inzwischen Paprikaschoten waschen, entstielen, halbieren, Kerne und weiße Rippen entfernen. In etwa 2 cm große Quadrate schneiden. Möhre schälen und in dünne Scheiben schneiden. Ananas schälen, braune Augen entfernen, die Frucht der Länge nach vierteln, Strunk entfernen und die Viertel in etwa 2 cm große Würfel schneiden.

3 Öl in einer Pfanne oder im Wok erhitzen, Hühnerbrust hineingeben, etwa 2 Min. bei mittlerer Hitze anbraten. Hitze erhöhen, Paprikastücke, Möhrenscheiben, Ananaswürfel, Fischsauce, Zucker, Reiswein und etwas Wasser dazugeben. Unter ständigem Schwenken bei starker Hitze etwa 2 Min. garen. Auf einer Platte anrichten.

Variante: Anstelle des Hühnerbrustfilets können Sie auch Putenfleisch verwenden. Für besondere Anlässe läßt sich dieses Gericht auch köstlich mit Entenbrust zubereiten!

Tip! Anstelle des Reisweins können Sie auch Sherry verwenden.

Hühnerbrust mit Ingwer

Aus Bangkok · Gelingt leicht

Gai Pad Khing

Zutaten für 4 Portionen:
5 mittelgroße getrocknete Mu-Err-Pilze
5 EL Öl
100 g ungesalzene Cashewnüsse
2 daumengroße Stücke frischer Ingwer
3 Frühlingszwiebeln
2 mittelgroße Tomaten
400 g Hühnerbrustfilet
3 Knoblauchzehen
2 EL Fischsauce
2 EL Austernsauce
1 EL Zucker

Zubereitungszeit: 40 Min.

Pro Portion: 1700 kJ/400 kcal

1 Mu-Err-Pilze mit heißem Wasser übergießen und etwa 20 Min. quellen lassen.

2 Inzwischen 5 EL Öl in einer Pfanne erhitzen, Cashewnüsse darin bei mittlerer Hitze unter ständigem Wenden in etwa 3 Min. goldgelb braten. Mit einem Schaumlöffel herausnehmen und auf Küchenpapier entfetten. Das Öl wird später wieder verwendet.

3 Ingwer schälen und in feine Streifen schneiden. Mu-Err-Pilze ausdrücken, harte Stellen entfernen, Pilze vierteln. Frühlingszwiebeln putzen, waschen und in etwa 3 cm lange Stücke schneiden. Tomaten waschen, vierteln und vom Stielansatz befreien.

4 Hühnerbrust in etwa 3 cm lange und 1 cm breite Streifen schneiden. Knoblauch schälen und fein hacken.

5 Das Öl in der Pfanne wieder erhitzen, Knoblauch bei mittlerer Hitze in etwa 2 Min. goldgelb braten. Hühnerbruststreifen hinzufügen und bei starker Hitze etwa 2 Min. braten.

6 Ingwer, Mu-Err-Pilze, Tomaten, Frühlingszwiebeln und Cashewnüsse dazugeben und alles unter ständigem Rühren bei starker Hitze etwa 2 Min. braten. Hitze verringern, Fisch- und Austernsauce sowie Zucker dazugeben. Alles noch einmal gut durchmischen und evtl. mit etwas Zucker und Fischsauce abschmecken.

Süß-saure Hühnerbrust

Festlich · Braucht etwas Zeit

Gai Pad Priau Wan

Zutaten für 4 Portionen:
350 g Hühnerbrustfilet
2 EL helle Sojasauce
½ TL schwarzer Pfeffer, frisch gemahlen
2 mittelgroße Tomaten
2 mittelgroße Zwiebeln
½ Salatgurke
1 rote Paprikaschote
350 g frische Ananas, geschält gewogen (ersatzweise 1 kleine Dose Ananas)
⅛ l Ananassaft
3 Knoblauchzehen
½ l geschmacksneutrales Pflanzenöl + 3 EL Öl
100 g Tempuramehl
2 TL Speisestärke
5 EL Tomatenketchup
3 EL Fischsauce
3 EL Reisessig, ersatzweise milder Weinessig
4 EL Zucker
nach Belieben: 1 gewaschenes, in Blattform geschnittenes Bananenblatt zum Verzieren.

Zubereitungszeit: 1 Std. (+ 30 Min. Marinieren)

Pro Portion: 1500 kJ/360 kcal

1 Hühnerbrust in etwa 2 cm große Würfel schneiden. Mit Sojasauce und Pfeffer mischen und etwa 30 Min. zugedeckt im Kühlschrank marinieren.

2 Inzwischen Tomaten waschen, vierteln und vom Stielansatz befreien. Zwiebeln schälen, Gurke heiß waschen und beides in grobe Würfel schneiden. Paprikaschote waschen, entstielen, von den weißen Rippen und Kernen befreien, ebenfalls in grobe Würfel schneiden. Frische Ananas schälen, vierteln, den Strunk und die braunen Augen herausschneiden. Ananas aus der Dose abtropfen lassen. ⅛ l Ananassaft abmessen. Ananas in Stücke schneiden. Knoblauch schälen und fein hacken.

3 Pflanzenöl in einem Topf oder Wok erhitzen. Tempuramehl in einer Schüssel mit knapp ¼ l Wasser mit einem Schneebesen zu einem zähflüssigen Teig ohne Klumpen anrühren. Falls der Teig zu dick ist, noch etwas Wasser untermischen. Hühnerbrustwürfel im Teig wenden, dann portionsweise ins heiße Öl geben und bei mittlerer Hitze in etwa 4 Min. goldbraun ausbacken. Backofen auf 100° (Gas Stufe 1) vorheizen. Hühnerbrustwürfel mit einem Schaumlöffel herausnehmen und auf Küchenpapier entfetten. Gebackene Stückchen im Backofen warm halten.

4 Speisestärke in einer Tasse mit 3 EL Wasser glattrühren. 3 EL Öl in einer großen Pfanne oder im Wok erhitzen, Knoblauch darin bei mittlerer Hitze in etwa 1 Min. goldgelb braten. Tomatenviertel, Zwiebel-, Gurken-, Paprika- und Ananasstücke dazugeben und etwa 2 Min. bei starker Hitze braten.

5 Tomatenketchup und Fischsauce hinzufügen, Hitze verringern. Ananassaft oder ⅛ l Wasser dazugeben und alles einmal aufkochen.

6 Das Gericht mit Essig und Zucker süß-sauer abschmecken, Speisestärke noch einmal umrühren und vorsichtig untermengen und einmal kurz aufkochen lassen, damit die Sauce dickflüssig wird.

7 Kurz vor dem Servieren Hühnerbrustwürfel durch die Sauce ziehen. Schüssel evtl. mit Bananenblattstücken auslegen. Pfanneninhalt dann in die Schüssel geben und das Gericht sofort servieren.

Hähnchen in Kokosmilch

Scharf · Gelingt leicht

Gai Gati Lüang

Zutaten für 4–6 Portionen:
6 Hähnchenschenkel
2 EL Currypulver
5 Schalotten
½ rote Paprikaschote
1 Dose ungesüßte Kokosmilch (400 ml)
2 TL Salz
1 EL Zucker
2 EL Limettensaft

Zubereitungszeit: 15 Min. (+ 20 Min. Marinieren + 30 Min. Garen)

Bei 6 Portionen pro Portion: 890 kJ/210 kcal

1 Hähnenschenkel mit Currypulver einreiben und etwa 20 Min. ziehen lassen. Inzwischen Schalotten schälen, in grobe Würfel schneiden. Paprikahälfte waschen, entstielen, Kerne und weiße Rippen entfernen und die Schote in sehr feine Streifen von etwa 5 cm Länge schneiden.

2 Kokosmilch in einem Topf aufkochen lassen, unter Rühren etwa 1 Min. bei mittlerer Hitze köcheln lassen. Schalottenwürfel, Hähnchenschenkel, Salz, Zucker und Limettensaft hinzufügen. Alles bei mittlerer Hitze und geschlossenem Deckel etwa 30 Min. kochen lassen. 10 Min. vor Ende der Garzeit den Deckel öffnen, damit die Sauce dicker wird. Gericht auf einer Platte anrichten und mit Paprikastreifen garnieren.

Variante: Zur Abwechslung können Sie auch einmal Hähnchenflügel oder Hühnerbrustfilet nehmen. Oder Sie nehmen die Hälfte Schenkel und die andere Hälfte Hühnerbrustfilet.

Info: Currypulver ist eine Mischung aus vielen tropischen Gewürzen. Die Inder haben dieses Pulver nach Thailand gebracht.

Hühnerfleisch in Currysauce

Scharf · Geht schnell

Panäng Gai

Zutaten für 4 Portionen:
500 g Hühnerbrustfilet
½ rote Paprikaschote
3 Kaffir-Zitronenblätter
50 Basilikumblätter (Bai Horapha)
½ Dose ungesüßte Kokosmilch (200 ml)
2 EL Panäng-Currypaste (S. 26)
2 EL Fischsauce
3 EL Zucker

Zubereitungszeit: 20 Min. (+ 20 Min. für die Paste)

Pro Portion: 1600 kJ/380 kcal

1 Hühnerbrust in dünne Streifen schneiden. Paprikahälfte waschen, vom Stielansatz, den weißen Rippen und Kernen befreien und in sehr feine Streifen schneiden. Zitronenblätter waschen, trockentupfen, längs aufrollen und ebenfalls in hauchdünne Streifen schneiden. Basilikumblätter waschen und trockenschütteln.

2 Von der dickeren Schicht oben auf der Kokosmilch 1 EL abnehmen und beiseite stellen. Rest in einen Kochtopf geben und zum Kochen bringen. Panäng-Currypaste einrühren und etwa 1 Min. bei schwacher Hitze leicht köcheln lassen.

3 Hühnerbruststreifen, Fischsauce, Zucker und die Hälfte der Zitronenblätterstreifen dazugeben, alles bei schwacher Hitze etwa 5 Min. kochen lassen. In eine passende Schüssel füllen, Basilikumblätter unterrühren. Mit Paprikastreifen, Zitronenblätterstreifen und 1 EL dicker Kokosmilch garnieren.

Variante: Nehmen Sie zur Abwechslung einmal 500 g küchenfertige Garnelen. Besonders gut schmeckt dieses Gericht auch mit Schweineschnitzelstreifen.

Huhn mit Ingwersauce

Süß-sauer · Braucht etwas Zeit

Khao Man Gai

Zutaten für 4 Portionen:
1 Suppenhuhn (etwa 1,6 kg)
8 Knoblauchzehen
5 Stengel frischer Koriander mit Wurzeln
½ TL schwarzer Pfeffer, frisch gemahlen
1 TL Salz
1 daumengroßes Stück frischer Ingwer
3 frische thailändische Chilischoten
3 EL salzige Bohnensauce
3 EL Reisessig, ersatzweise milder Weinessig
2 EL süße Sojasauce
3 EL Zucker
1 Salatgurke
250 g thailändischer Duftreis

Zubereitungszeit: 30 Min. (+ 2 Std. Garen + 20 Min. für den Reis)

Pro Portion: 2800 kJ/670 kcal

1 Huhn innen und außen gründlich abspülen und abtropfen lassen. Knoblauch schälen, Koriander waschen, trockenschütteln, Blätter abzupfen und zur Seite stellen. Korianderwurzeln und -stengel mit Knoblauch, Pfeffer und Salz im Mörser zu einer Paste zerstoßen. Huhn mit dieser Paste außen und innen gut einreiben.

2 In einem großen Topf etwa 2½ l Wasser zum Kochen bringen, Huhn vorsichtig hineingeben und etwa 2 Std. bei mittlerer Hitze zugedeckt leicht kochen lassen.

3 In der Zwischenzeit Ingwer schälen, Chilischoten waschen, entstielen und zusammen mit Ingwer im Mörser zerstampfen. Nachdem Sie Chilischoten angefaßt haben, dürfen Sie die Hände keinesfalls an die Augen bringen, das brennt wie Feuer. Am besten Hände sehr gründlich waschen! Bohnensauce in ein kleines Sieb gießen, Sauce dabei auffangen. Bohnen ebenfalls in den Mörser geben und vorsichtig zerdrücken.

4 Paste mit aufgefangener Bohnensauce, Essig, Sojasauce und Zucker in einem kleinen Topf kurz aufkochen und wieder abkühlen lassen. Salatgurke schälen oder gründlich waschen und in etwa ½ cm dicke Scheiben schneiden.

5 Etwa ½ Std. bevor das Huhn fertig ist, Duftreis in einen Topf geben und mit so viel Hühnerbrühe auffüllen, daß die Brühe etwa 2 cm über dem Reis steht. Dann zugedeckt zum Kochen bringen, den Deckel abnehmen und die Hitze verringern. Wenn der Reis leicht köchelt, den Deckel wieder auflegen und Reis bei schwacher Hitze etwa 20 Min. garen, bis er die Brühe vollständig aufgenommen hat.

6 Huhn aus der Brühe nehmen. Fleisch von der Haut und den Knochen lösen und in Streifen schneiden. Entweder mit dem Reis oder separat anrichten. Gericht mit Gurkenscheiben dekorieren. Korianderblätter darüber streuen, mit lauwarmer Ingwersauce servieren.

Tip! Restliche Hühnerbrühe mit etwa 2 EL Fischsauce und 1 EL Brühe abschmecken und zu dem Huhn servieren.

Hühnchenfleisch mit Mais

Aus Bangkok · Gelingt leicht

Gai Pad Johd Khao Pod

Zutaten für 4–6 Portionen:
600 g Hühnerbrustfilet
3 EL Fischsauce
½ TL schwarzer Pfeffer, frisch gemahlen
500 g frische Maiskölbchen
3 Frühlingszwiebeln
5 Knoblauchzehen
5 EL Öl
2 EL Austernsauce
1 EL Zucker

Zubereitungszeit: 30 Min.

Bei 6 Portionen pro Portion: 870 kJ/210 kcal

1 Hühnerbrustfilet in etwa 3 cm lange und ½ cm breite Streifen schneiden, mit 1 EL Fischsauce und Pfeffer vermischen und etwa 10 Min. marinieren.

2 Inzwischen Maiskölbchen waschen, das dickere Ende abschneiden und Maiskölbchen der Länge nach halbieren. Frühlingszwiebeln waschen, der Länge nach halbieren und in etwa 4 cm lange Stücke schneiden. Knoblauch schälen und kleinhacken.

3 Öl in einer Pfanne oder im Wok erhitzen, Knoblauch darin bei starker Hitze in etwa 2 Min. goldgelb braten. Hühnerbruststreifen dazugeben und bei starker Hitze etwa 2 Min. sautieren (unter Schwenken der Pfanne anbraten). Maiskölbchen, Frühlingszwiebeln, 2 EL Fischsauce, die Austernsauce und Zucker sowie evtl. etwas Wasser hinzufügen und alles etwa 1 Min. durchschwenken.

Variante: Probieren Sie dieses Gericht auch einmal mit Puten- oder Schweinefleisch.

Info: Es gibt mehrere hundert Arten von Pfeffergewächsen, die im tropischen Regenwald wachsen. Der Pfefferstrauch kommt ursprünglich aus Indien, er wird an Stangen angebaut. Wenn man die Pfefferkörner halbreif pflückt, schrumpft das Fruchtfleisch und man erhält schwarzen Pfeffer. Reif gepflückt, gibt es den milderen weißen Pfeffer.

Tip! Sie können ersatzweise auch Maiskölbchen aus der Dose nehmen. Achten Sie beim Kauf darauf, daß sie in Wasser und nicht in Essig eingelegt sind.

Hühnerbrust mit Sesam

Aus Bangkok · Geht schnell

Gai Pad Nga Khao

Zutaten für 4–6 Portionen:
600 g Hühnerbrustfilet
½ TL Koriandersamen, frisch gemahlen
½ TL Salz
1 Stück frischer Ingwer (2 cm)
500 g Broccolistiele
2 EL weißer Sesamsamen
3 EL Öl · 2 EL helle Sojasauce
1 EL Fischsauce · 1 EL Zucker
nach Belieben: 1 Schale Peperoni in Essig (S. 32)

Zubereitungszeit: 30 Min.
(+ 5 Min. für die Peperoni)

Bei 6 Portionen pro Portion:
660 kJ/160 kcal

1 Gut 1 l Wasser in einem Topf zum Kochen bringen. Hühnerbrustfilet in etwa 5 cm lange und 1 cm breite Streifen schneiden. Mit gemahlenen Koriandersamen und Salz vermischen und etwa 10 Min. ruhen lassen.

2 Inzwischen Ingwer schälen und kleinhacken. Broccolistiele schälen, von holzigen Stellen befreien und in etwa 5 cm lange Streifen schneiden. Diese im Wasser etwa 1 Min. blanchieren (sprudelnd kochen) und anschließend in ein Sieb schütten und abtropfen lassen.

3 Weißen Sesam in einer schweren Pfanne ohne Fett bei mittlerer Hitze in etwa 2 Min. braun rösten, dann in eine kleine Schüssel geben. Öl in der Pfanne oder im Wok erhitzen, Ingwer und Filet hineingeben und bei starker Hitze etwa 2 Min. braten.

4 Geschnittene Broccolistiele, Soja- und Fischsauce, Zucker und gerösteten Sesam hinzufügen und alles bei mittlerer Hitze etwa 2 Min. weitergaren. In einer Schüssel anrichten.

Tip: Reichen Sie Peperoni in Essig zur Hühnerbrust. Sie können auch eine Knoblauchzehe (in Scheiben geschnitten) zu den Peperoni in Essig geben.

Gebratene Ente

Grundrezept · Braucht etwas Zeit

Ped Yang Naam Phüng

Zutaten für 4 Portionen:
1 Ente (etwa 2,2 kg)
10 Knoblauchzehen
3 Stengel frischer Koriander
½ TL Salz
½ TL schwarzer Pfeffer, frisch gemahlen
3 EL süße Sojasauce
3 EL dünnflüssiger Honig
5 EL Reisessig, ersatzweise milder Weinessig
3 EL Zucker
1 frische rote Peperoni

Zubereitungszeit: 20 Min. (+ 2 Std. Marinieren + 1 ½ Std. Garen)

Pro Portion: 4300 kJ/1000 kcal

1 Ente mit Wasser gründlich abspülen und innen säubern. Knoblauch schälen. Koriander waschen, trockentupfen und beides mit Salz und Pfeffer im Mörser zu einer Paste zerstoßen. In eine kleine Schüssel umfüllen, mit 1 EL Sojasauce und dem Honig verrühren. Ente mit dieser Paste innen und außen einreiben und etwa 2 Std. zugedeckt an einem kühlen Ort marinieren lassen.

2 Essig mit 2 EL Sojasauce und Zucker in einen kleinen Topf geben, kurz aufkochen und wieder abkühlen lassen. Peperoni waschen, entstielen und in feine Ringe schneiden, danach Hände gründlich waschen, nicht an die Augen oder Schleimhäute fassen. Peperoniringe zu der Essigsauce geben.

3 Backofen auf 190° (Gas Stufe 3) vorheizen. Ente in die Mitte auf einen Gitterrost (mit Fettpfanne darunter) legen. Nach 10 Min. die Temperatur auf 180° verringern und die Ente weitere 80–90 Min. braten. Dabei ab und zu wenden und mit ausgetretenem Fett übergießen. Ente tranchieren und mit der Essigsauce servieren.

Info: Diese gebratene Ente ist ein Grundrezept, das Sie für die folgenden Gerichte benötigen. Sie schmeckt auch gut mit etwas Reis und ein paar Gurkenscheiben.

Tip! Sollte die Ente zu dunkel werden, decken Sie sie mit Alufolie ab.

Rotes Entencurry

Festlich · Braucht etwas Zeit

Gäng Phet Ped Yang

Zutaten für 4–6 Portionen:
1 Ente (etwa 2,2 kg)
10 Cocktailtomaten
5 Kaffir-Zitronenblätter
20 Basilikumblätter (Bai Horapha)
350 g frische Ananas, geschält gewogen (ersatzweise 1 Dose Ananas) · 3 EL Öl
2 EL Rote Currypaste (S. 26)
1 Dose ungesüßte Kokosmilch (400 ml)
3 EL Fischsauce · 1 EL Zucker

Zubereitungszeit: 30 Min. (+ 4 Std. Vorbereiten der Ente + 25 Min. für die Paste)

Bei 6 Portionen pro Portion: 3200 kJ/760 kcal

1 Ente nach Grundrezept (siehe oben) zubereiten. Das Fleisch vom Knochen lösen und in etwa 4 cm lange und 1 cm breite Streifen schneiden.

2 Cocktailtomaten und Zitronenblätter waschen, letztere trockentupfen und vierteln. Basilikumblätter waschen und trockenschütteln. Frische Ananas schälen, vierteln, vom Strunk befreien, braune Augen mit einem Messer entfernen. Ananassaft von den Dosenananas abgießen, er wird nicht gebraucht. Ananas in Stücke schneiden.

3 Öl in einem Topf oder Wok erhitzen, Rote Currypaste dazugeben und unterrühren. 5 EL von der dickeren Schicht oben auf der Kokosmilch hinzufügen, einrühren und bei schwacher Hitze etwa 1 Min. köcheln lassen. Hitze erhöhen, Enten- und Ananasstücke, Fischsauce, Zitronenblätter, Zucker und restliche Kokosmilch dazugeben und alles etwa 2 Min. bei mittlerer Hitze schmoren lassen.

4 Cocktailtomaten und Basilikum unterrühren und das Gericht in einer Schüssel anrichten.

Tip! Sie können auch anstelle der ganzen Ente Entenbrust verwenden. Das geht schneller und schmeckt auch sehr fein.

Ente mit Tamarindensauce

Ped Makaam

Süß-sauer · Braucht etwas Zeit

Zutaten für 4 Portionen:
1 Ente (etwa 2,2 kg)
2 walnußgroße Stücke gepreßte Tamarinde
4 EL Palmzucker, ersatzweise brauner Zucker
3 EL Fischsauce
15 Knoblauchzehen
8–10 Schalotten
8 EL Öl

Zubereitungszeit: 30 Min.
(+ 4 Std. Vorbereiten der Ente)

Pro Portion: 5000 kJ/1200 kcal

1 Ente nach Grundrezept (S. 111) zubereiten. Das Fleisch vom Knochen lösen und in etwa 4 cm lange und 1 cm breite Streifen schneiden.

2 Tamarinde in etwa 200 ml lauwarmem Wasser etwa 10 Min. einweichen und anschließend gut durchkneten. Stiele und harte Stücke herausnehmen und wegwerfen, Sauce durch ein Haarsieb passieren.

3 Palmzucker und Fischsauce zur Tamarindensauce geben und alles gut verrühren, bis sich der Zucker aufgelöst hat. Mischung in einen kleinen Topf geben und etwa 2 Min. bei mittlerer Hitze kochen lassen.

4 Knoblauch und Schalotten schälen, in feine Streifen schneiden. 5 EL Öl in einer Pfanne erhitzen, Knoblauch und Schalotten bei mittlerer Hitze etwa 3 Min. darin goldgelb anbraten und zur Tamarindensauce geben, warm halten.

5 In einer Pfanne oder im Wok 3 EL Öl erhitzen, Entenstreifen bei starker Hitze etwa 2 Min. darin anbraten und anschließend auf einer Platte anrichten. Tamarindensauce darüber gießen oder in einer extra Schale reichen und das Gericht servieren.

Tamarinde

Frische Tamarindenfrüchte erinnern an Bohnenschoten.

In ganz Asien ist der 20–30 m hohe Tamarindenbaum beheimatet. Er hat feingefiederte Blätter, grau-braune bis zimtfarbene Früchte mit brüchiger Schale und weichem, nußartigem, bräunlichem Fruchtmark. Es enthält etwa 35% Zucker und über 20% Fruchtsäure und ist meist zu kleinen Päckchen gepreßt im Handel. Tamarinde verleiht den Thai-Gerichten einen einzigartigen herb-säuerlichen Geschmack. Manchmal gibt es auch frische Tamarindenfrüchte im Asien-Laden, die aussehen wie krumme Erbsenschoten. Die Verarbeitung ist aber so umständlich, daß wir zu den gepreßten Platten raten. Um Tamarindensaft zum Abschmecken von Speisen zu gewinnen, müssen Sie etwa $\frac{1}{3}$ Tamarindenkonzentrat mit $\frac{2}{3}$ warmem Wasser mischen, es kurz stehenlassen und dann alles kräftig durchkneten, so daß ein dunkelbrauner Saft entsteht. Tamarinde gibt es auch als Mus im Glas zu kaufen, das ist noch einfacher zu verarbeiten. Die Thais ziehen allerdings die Platten vor.

Neben der säuerlichen Tamarinde gibt es noch süße Tamarinde. Nach dem Schälen wird sie meist roh gegessen. In Wasser gekocht, ergibt sie einen erfrischenden Saft, und in Zucker getaucht, ist sie in Thailand eine beliebte Zwischenmahlzeit.

FISCH UND MEERESFRÜCHTE

Die langen Küsten am Golf von Thailand und am Andamanischen Meer verwöhnen die Thais und ihre Gäste mit frischen Fischen und Meeresfrüchten. Aber auch im Landesinneren gibt es in den Flüssen und Klongs reichlich Süßwasserfische. Selbst in den Reisfeldern werden Fische gehalten! Fisch ist für die Thais nach dem Reis das wichtigste Nahrungsmittel. Für Fischliebhaber ist Thailand wirklich ein Paradies. Sie können aus einer unglaublichen Vielfalt auswählen, und selbst Krustentiere können Sie sich hier unbeschwert leisten – es gibt sie im Überfluß, und somit stellen sie keinen Luxus dar. Frischer Fisch wird fritiert, gebraten, gedämpft oder auch in Bananenblätter gehüllt auf Holzkohle gegrillt. Garnelen und Tintenfische eignen sich zum Pfannenrühren und entwickeln ihren Geschmack besonders gut in Verbindung mit Gemüse. Fische und Meeresfrüchte werden zu aromatischen Suppen und feurigen Currys verarbeitet. Die Fischsauce, Naam Plaah, und die Garnelenpaste, Kapi, sind unverzichtbare Würzmittel in der thailändischen Küche. Thailand-Besucher erinnern sich vielleicht an die getrockneten Tintenfische, die mit bunten Klammern an den Essensständen aufgehängt werden und auf Hungrige warten. Nach eingehender Prüfung werden sie über ein Tonfaß mit glühender Holzkohle gelegt und heiß gemacht. Wer könnte da widerstehen?

Gegrillte Forelle

Scharf · Gelingt leicht

Plaah Samrieh Prung Rot

Zutaten für 4 Portionen:
4 mittelgroße Forellen (je 200–250 g), küchenfertig vorbereitet
9 EL Limettensaft · 1 TL Salz
schwarzer Pfeffer, frisch gemahlen
¼ Kopf Weißkohl (300 g)
1 große Möhre
10 Knoblauchzehen
7 EL Öl
+ 2 EL Öl zum Bestreichen
1 EL Chilipulver
2 EL Zucker
3 EL Fischsauce
nach Belieben: 1 Bananenblatt zum Dekorieren (gewaschen und zerschnitten)

Zubereitungszeit: 35 Min.

Pro Portion: 1800 kJ/430 kcal

1 Forellen kalt waschen und trockentupfen. Beide Seiten im Abstand von etwa 2 cm nicht zu tief einkerben. Mit 4 EL Limettensaft und Salz innen und außen würzen, etwas Pfeffer aus der Mühle darüber streuen.

2 Weißkohl und Möhre putzen und waschen und in sehr feine Streifen schneiden. Am Rand einer großen ovalen Platte (evtl. auf den Bananenblättern) anrichten. Oder für jeden Fische eine eigene Platte nehmen. Knoblauch schälen und kleinhacken.

3 In einem kleinen Topf 5 EL Öl erhitzen, Knoblauch bei mittlerer Hitze in etwa 2 Min. goldgelb braten und mit dem Öl in einer kleinen Schale beiseite stellen. Für die Sauce 2 EL Öl im selben Topf erhitzen, Chilipulver darin kurz anrösten. Topf vom Herd nehmen, Zucker, Fischsauce und 5 EL Limettensaft dazugeben und so lange rühren, bis sich der Zucker gelöst hat. Backofengrill auf 200° (Gas Stufe 3) vorheizen.

4 Forellen mit 2 EL Öl bepinseln und auf dem Holzkohlengrill oder im Backofengrill in der Mitte etwa 15 Min. garen. Ab und zu mit Öl bepinseln.

5 Fische auf der vorbereiteten Platte anrichten, Knoblauch über die Forellen geben und die lauwarme Chilisauce darüber gießen oder separat reichen.

Butterfisch mit Limettensauce

Aus der Zentralregion · Geht schnell

Plaah Nüng Manau

Zutaten für 4 Portionen:
1 Butterfisch (etwa 1 kg; ersatzweise 2 Seezungen, filetiert, oder 8 Seezungenfilets), küchenfertig vorbereitet
10 Knoblauchzehen
5 frische thailändische Chilischoten
1 Bund Schnittlauch
5 EL Limettensaft
1 TL Salz
3 EL helle Sojasauce

Zubereitungszeit: 20 Min. (+ 20 Min. Garen)

Pro Portion: 700 kJ/170 kcal

1 Butterfisch kalt abspülen, trockentupfen und beide Seiten im Abstand von 2 cm nicht zu tief einkerben. Seezungenfilets kurz kalt abspülen. Fisch bzw. Fischfilets in eine feuerfeste Auflaufform legen. Backofen auf 200° (Gas Stufe 3) vorheizen.

2 Knoblauch schälen und in feine Scheiben schneiden. Chilischoten waschen, entstielen und in dünne Ringe schneiden. Danach gründlich die Hände waschen, keinesfalls an die Augen bringen, Chili brennt höllisch! Schnittlauch waschen, trockenschütteln und in etwa 3 cm lange Stücke schneiden.

3 Chiliringe, Knoblauchscheiben, Limettensaft, Salz, Sojasauce und etwa ⅛ l Wasser in einer Schüssel gut verrühren, über den Fisch gießen. Fisch im Backofen in der Mitte in etwa 20 Min. garen. Schnittlauch darüber streuen.

Info: Sie können auch Zahnbrassen, Seebarsch oder Heilbutt verwenden. (Für das Foto wurden Seezungenfilets verwendet.)

Tip: Falls Sie einen Topf mit einem gut schließenden Deckel und einem Dämpfeinsatz haben, können Sie den Fisch auch darin in etwa 25 Min. dämpfen.

Langusten mit Tamarinde

Gung Yang Rad Sod

Festlich · Etwas schwieriger

Zutaten für 4 Portionen:
4 mittelgroße rohe Langusten (je etwa 900 g)
1 TL schwarzer Pfeffer, frisch gemahlen
11 EL Pflanzenöl
10 Knoblauchzehen
7 Schalotten
3 Stengel frischer Koriander mit Wurzeln
2 frische thailändische Chilischoten
2 walnußgroße Stücke gepreßte Tamarinde
4 EL Palmzucker, ersatzweise brauner Zucker
3 EL Fischsauce
außerdem: einige gewaschene Salatblätter

Zubereitungszeit: 45 Min.

Pro Portion: 2300 kJ/550 kcal

1 Backofen auf 180° (Gas Stufe 2) vorwärmen. Kopf von den Langusten mit einem schweren Messer oder Beil abtrennen. Brustpanzer von oben nach unten durchtrennen, Darm herausnehmen und Panzer mit den Händen vorsichtig aufbrechen und alle losen harten Teile des Panzers entfernen. Der Schwanz muß am Fleisch bleiben. Langusten waschen und trockentupfen.

2 Langusten mit ½ TL Pfeffer bestreuen. Backblech mit Alufolie auslegen und mit 1 EL Öl bepinseln, Langusten darauf legen und ebenfalls mit je 1 EL Öl bepinseln. Im Backofen (Mitte) in etwa 20 Min. garen, ab und zu mit ausgetretener Flüssigkeit bestreichen.

3 Inzwischen Knoblauch und Schalotten schälen, in Scheiben schneiden und in 5 EL Öl bei mittlerer Hitze in etwa 2 Min. goldgelb braten, mit Öl beiseite stellen. Koriander waschen, trockenschütteln, Blätter abzupfen, Stengel und Wurzel mit Pfeffer im Mörser zerstoßen.

4 Chilischoten waschen, entstielen, Kerne entfernen und Schoten kleinhakken. Nach Belieben ½ Schote in dünne Ringe schneiden. Danach die Hände auf keinen Fall an die Augen bringen, Chili brennt wie Feuer!

5 Tamarinde in ⅛ l warmem Wasser etwa 10 Min. einweichen, anschließend gut durchkneten, bis die Sauce sämig wird. Harte Teile und Kerne entfernen. Die Sauce durch ein Haarsieb gießen.

6 Tamarindensauce mit Palmzucker, Fischsauce und gehackten Chilischoten in eine Schüssel geben und gut verrühren, bis sich der Zucker aufgelöst hat. 1 EL Öl in einem kleinen Topf erhitzen, zerkleinerten Koriander hineingeben und bei schwacher Hitze kurz anbraten. Angerührte Tamarindensauce hinzugeben und alles etwa 1 Min. köcheln lassen. Mit gebratenem Knoblauch und Schalotten verrühren.

7 Eine vorgewärmte Platte mit Salatblättern auslegen, Langusten darauf anrichten, Sauce darüber gießen und das Gericht mit Korianderblättern garnieren.

Info: Langusten haben den gleichen Körperbau wie Hummer. Ihnen fehlen allerdings die fleischhaltigen Scheren, dafür sind die Fühler stärker entwikkelt. Langusten werden 20–50 cm lang und wiegen zwischen 600 und 1300 g. Das Fleisch der Languste ist etwas trockener als das des Hummers, deswegen muß während des Garvorganges häufiger Flüssigkeit darüber gegossen werden.

Fischfilet in Bananenblättern

Scharf · Braucht etwas Zeit

Ngob Plaah

Zutaten für 4 Portionen:
400 g Rotbarsch- oder Kabeljaufilet
4 EL Fischsauce
½ TL schwarzer Pfeffer, frisch gemahlen
10 Kaffir-Zitronenblätter
200 g gemischtes Hackfleisch
2 EL Rote Currypaste (S. 26)
7 EL ungesüßte Kokosmilch
2 Eier
2 große Bananenblätter
außerdem: Zahnstocher

Zubereitungszeit: 1 Std.
(+ 25 Min. für die Paste)

Pro Portion: 1200 kJ/290 kcal

1 Fischfilet kalt abspülen, trockentupfen und in etwa 1 cm breite Streifen schneiden. Mit 1 EL Fischsauce und Pfeffer verrühren und etwa 10 Min. zugedeckt im Kühlschrank marinieren lassen.

2 Inzwischen Zitronenblätter waschen, trockentupfen, längs aufrollen und in hauchdünne Streifen schneiden. Hackfleisch mit Roter Currypaste und dicker Kokosmilch verrühren. 3 EL Fischsauce, Eier und Zitronenblätterstreifen hinzugeben und gut vermengen. Fischfiletstreifen vorsichtig unterrühren.

3 Bananenblätter behutsam mit einem feuchten Tuch säubern und in etwa 20 cm breite Stücke schneiden. Je 2 Stücke übereinanderlegen, so daß 4 Portionshüllen entstehen. Fischfiletmasse darauf gleichmäßig verteilen.

4 Holzkohlengrill anschüren, Holzkohle durchglühen lassen. Oder Backofengrill auf 190° (Gas Stufe 3) vorheizen. Breite Seite der Bananenblätter oben so einschlagen, daß sich die Kanten in der Mitte treffen und 2–3 cm überlappen. Evtl. mit einem Zahnstocher festmachen. Die beiden anderen Seiten nach innen einklappen und mit Zahnstochern feststecken.

5 Gefüllte Bananenblätter auf den nicht zu heißen Grill legen, etwa 15 Min. grillen, dabei ab und zu wenden. Das äußere Bananenblatt kann durchaus schwarz sein. Im Backofengrill etwa 20 Min. auf mittlerer Schiene grillen, dabei ab und zu wenden. Jeder öffnet am Tisch sein Bananenblatt selbst.

Tip! Die Bananenblätter gibt es im Asien-Laden. Falls Sie einmal keine Bananenblätter bekommen, können Sie sich mit doppelt gelegter Alufolie behelfen. Geschmack und Duft sind dann allerdings nicht mehr so typisch.

Fischauflauf

Festlich · Scharf

Hoo Mog Plaah

Zutaten für 4 Portionen:
200 g Weißkohl
5 Kaffir-Zitronenblätter
½ rote Paprikaschote
500 g Rotbarschfilet, ersatzweise Kabeljau- oder Seelachsfilet
4 Knoblauchzehen
½ TL schwarzer Pfeffer, frisch gemahlen
3 EL Rote Currypaste (S. 26)
1 Dose ungesüßte Kokosmilch (400 ml)
1 Ei
4 EL Fischsauce
2 große Bananenblätter
Zahnstocher
½ TL Speisestärke

Zubereitungszeit: 1 Std. (+25 Min. für die Paste + 20 Min. Garen)

Pro Portion: 850 kJ/200 kcal

1 Einen Topf mit Wasser aufsetzen. Weißkohl putzen, vom Strunk befreien, in feine Streifen schneiden und waschen. Die Weißkohlstreifen in sprudelnd kochendem Wasser etwa 1 Min. blanchieren, dann in einem Sieb gründlich abtropfen lassen.

2 Zitronenblätter waschen, trockentupfen, längs aufrollen und in hauchdünne Streifen schneiden. Paprikahälfte waschen, vom Stielansatz, weißen Trennwänden und Kernen befreien und ebenfalls in feine Streifen schneiden. Fischfilet kalt abspülen, trockentupfen, etwa 100 g beiseite legen, den Rest in hauchdünne Streifen von etwa 4 cm Länge schneiden.

3 Knoblauch schälen und im Mixer oder im Mörser mit 100 g Fischfilet und Pfeffer zu einer cremeartigen Masse zerkleinern, Rote Currypaste unterrühren. Creme in eine Schüssel geben. Vom dicken Teil oben auf der Kokosmilch etwa 4 EL abnehmen und beiseite stellen, den Rest zur Fischcreme geben und mit dem Handrührgerät bei niedriger Schaltstufe etwa 3 Min. verquirlen.

4 Backofen auf 180° (Gas Stufe 2) vorheizen. Ei, Fischsauce und den Großteil der geschnittenen Zitronenblätter zur Creme in die Schüssel geben und nochmals alles etwa 1 Min. verquirlen, dann die Fischfiletstreifen vorsichtig unterrühren.

5 Bananenblätter abwischen, entlang einer Schüssel von etwa 15 cm Durchmesser etwa 12 Kreise schneiden.

6 Die Bananenblattkreise vom Rand zur Mitte viermal etwa 5 cm weit einschneiden.

7 Die eingeschnittenen Kanten anheben, seitlich etwas überlappen lassen und mit einem Zahnstocher festmachen.

8 Die Förmchen mit dem gut abgetropften Weißkohl auslegen, Fischmasse darauf verteilen, den Auflauf im Backofen (Mitte) in etwa 20 Min. garen.

9 In der Zwischenzeit 4 EL von der dickeren Schicht oben auf der Kokosmilch mit Speisestärke und 4 EL Wasser klumpenfrei verrühren und in einem kleinen Topf einmal unter Rühren aufkochen. Fertigen Auflauf herausnehmen, mit der eingedickten Kokosmilch, den übrigen Zitronenblattstreifen und Paprikastreifen garnieren und servieren.

Garnelen mit grünem Spargel

Aus Bangkok · Geht schnell

Gung Pad Noh May Farang

Zutaten für 4 Portionen:
600 g mittelgroße rohe Garnelen mit Kopf und Schwanz
4 EL Fischsauce
½ TL schwarzer Pfeffer, frisch gemahlen
500 g grüner Spargel
5 Knoblauchzehen
5 EL Pflanzenöl
3 EL Austernsauce
1 EL Zucker
2 EL Reiswein

Zubereitungszeit: 30 Min.

Pro Portion: 1200 kJ/290 kcal

1 Köpfe von den Garnelen abtrennen und die Körper so schälen, daß das Schwanzende am Körper bleibt. Garnelen waschen, trockentupfen und der Länge nach am Rücken leicht einschneiden und den dünnen Darm entfernen. Garnelen mit 1 EL Fischsauce und Pfeffer vermischen.

2 Wasser in einem Topf zum Kochen bringen. Spargel waschen, falls nötig schälen, holzige Enden abschneiden und die Stangen in etwa 4 cm lange Stücke schneiden. Dann etwa 1 Min. blanchieren (sprudelnd kochen), anschließend abgießen und abtropfen lassen. Knoblauch schälen und kleinhacken.

3 Öl in einer Pfanne oder im Wok erhitzen, Knoblauch darin bei starker Hitze in etwa 1 Min. anbraten, Garnelen hinzufügen und bei starker Hitze etwa 1 Min. braten. Spargelstücke, Austernsauce und 3 EL Fischsauce, Zucker und Reiswein dazugeben, unter ständigem Rühren etwa 2 Min. garen. Wenn der Fond zu dick geworden ist, geben Sie noch etwas Wasser dazu.

Info: Grüner Spargel wächst oberirdisch. Er hat wegen des entwickelten Chlorophylls einen herzhafteren Geschmack als der Bleichspargel und eine wesentlich kürzere Garzeit. Achten Sie beim Kauf von Spargel darauf, daß die Schnittenden glatt und saftig sind. Dann ist der Spargel frisch und muß evtl. gar nicht oder nur im unteren Drittel geschält werden.

Venusmuscheln mit Basilikum

Festlich · Mild

Hoy Lai Pad

Zutaten für 4–6 Portionen:
2 kg Herz- oder Venusmuscheln
10 Knoblauchzehen
30 Basilikumblätter (Bai Horapha)
+ 1 Stengel Basilikum zum Verzieren
50 g Butter
½ TL Salz
nach Belieben:
1 gewaschenes Bananenblatt

Zubereitungszeit: 20 Min. (+ 2 Std. Wässern)

Bei 6 Portionen pro Portion: 600 kJ/140 kcal

1 Muscheln etwa 2 Std. in Wasser einlegen (geöffnete Exemplare wegwerfen). Anschließend gründlich säubern und mit einem spitzen Messer öffnen, die Schalenhälfte ohne Fleisch wegwerfen.

2 Knoblauch schälen und fein hacken. Basilikumblätter und -stengel waschen trockenschütteln und beiseite stellen.

3 Butter in einer großen Pfanne oder im Wok erhitzen, Knoblauch hineingeben und bei mittlerer Hitze in etwa 2 Min. goldgelb braten. Die Hitze erhöhen und rasch Muscheln, Salz und Basilikumblätter hinzufügen. Alles etwa 3 Min. unter ständigem Rühren braten.

4 Eine große Platte mit dem Bananenblatt auslegen, die Muscheln auf der Platte anrichten, mit dem Basilikumstengel garnieren und sofort servieren.

Info: Die Herz- und Venusmuscheln haben eine sehr kurze Garzeit, manche Köche übergießen die geöffneten Muscheln lediglich mit kochendem Wasser. Wahre Kenner essen die beiden Muschelsorten am liebsten roh, nur mit ein bißchen Limettensaft beträufelt.

Tip! In Thailand ist Butter nicht so verbreitet wie in Europa, daher wird meistens Öl zum Braten verwendet. Zu diesem Gericht nehmen die Thais aber Butter, da sie feiner schmeckt.

Krebsfleisch mit Sellerie

Festlich · Geht schnell

Puuh Pad Pong Garrieh

Zutaten für 4–6 Portionen:
800 g tiefgefrorene Krebsfleischstangen
400 g Staudensellerie
8 Knoblauchzehen
5 EL Öl
1 TL Currypulver
3 EL Fischsauce
1 EL Zucker

Zubereitungszeit: 25 Min.

Bei 6 Portionen pro Portion: 870 kJ/210 kcal

1 Krebsfleischstangen auftauen. Staudensellerie waschen und die holzigen Enden abschneiden. Die Stangen in etwa 4 cm lange Stücke schneiden, dickere Stangen vorher der Länge nach halbieren.

2 Knoblauch schälen und kleinhacken. Öl in einer Pfanne oder im Wok erhitzen und Knoblauch darin bei mittlerer Hitze in etwa 2 Min. goldgelb braten. Krebsfleischstangen hinzufügen und bei starker Hitze etwa 1 Min. braten. Currypulver dazugeben und gut verrühren. Geschnittenen Sellerie, Fischsauce, Zucker und etwas Wasser dazugeben und alles nochmals etwa 2 Min. schmoren lassen. Auf einer vorgewärmten Platte anrichten und servieren.

Info: Die Thailänder nehmen für dieses Rezept Taschenkrebse. Es gibt sie in Thailand überall zu kaufen. Sie werden lebend zerhackt, der Panzer wird entfernt, und Fleisch, Innereien sowie Scheren und Beine werden in der Pfanne gebraten. Später werden die Scheren und die Beine ausgelutscht. Wir empfehlen gefrorene Krebsfleischstangen, die Sie problemlos im Asien-Laden bekommen.

Garnelen mit Knoblauch

Festlich · Etwas schwieriger

Gung Krathiam Prig Thai

Zutaten für 4 Portionen:
12 rohe Riesengarnelen mit Schwanz
10 Knoblauchzehen
2 EL Fischsauce
½ TL schwarzer Pfeffer, frisch gemahlen
2 EL Limettensaft
3 mittelgroße Tomaten
1 Salatgurke
1 Bund Schnittlauch
50 g Butter

Zubereitungszeit: 30 Min.

Pro Portion: 880 kJ/210 kcal

1 Garnelen vorsichtig abschälen, so daß das Schwanzende am Körper bleibt. Dann am Rücken der Länge nach einschneiden und den Darm entfernen. Anschließend Garnelen unter fließendem kaltem Wasser abspülen und gut abtropfen lassen.

2 Knoblauch schälen und fein hacken. Garnelen mit Knoblauch, Fischsauce, Pfeffer und Limettensaft in einer Schüssel mischen, etwa 10 Min. marinieren lassen.

3 Inzwischen Tomaten waschen, Stielansatz entfernen, Gurke waschen. Beides in etwa ½ cm dicke Scheiben schneiden. Schnittlauch waschen, trockenschütteln und kleinschneiden. Eine große Platte am Rand mit Tomaten- und Gurkenscheiben auslegen.

4 Butter in einer großen Pfanne oder in einem Wok bei mittlerer Hitze erhitzen. Garnelen hineingeben, Mariniergefäß mit etwas Wasser ausschwenken und die Flüssigkeit zu den Garnelen geben. Mit geöffnetem Deckel bei mittlerer Hitze etwa 5 Min. garen.

5 Garnelen auf die vorbereitete Platte legen, mit Schnittlauch bestreuen.

Variante: Dieses Gericht schmeckt auch mit Tintenfisch hervorragend. Dazu etwa 600 g küchenfertig vorbereitete Tintenfischtuben waschen und in 1 cm breite Ringe schneiden. Dann genau wie die Garnelen zubereiten.

EXOTISCHE DESSERTS

Das tropische Thailand bietet eine überwältigende Vielfalt an exotischen Desserts an, die wie in Europa auch, zum Schluß des Essens serviert werden. Sie runden nicht nur auf köstliche Art die Mahlzeit ab, sondern beruhigen darüber hinaus den durch scharfe Gerichte oft brennenden Gaumen. Sehr gerne servieren die Thais eine Schale mit kunstvoll geschnitzten Früchten, je nach Jahreszeit gibt es Papaya, Mango, Rambutan, Longan oder Litschipflaume. Die hellen, duftenden Mangos sind zwischen März und Juni auf den Märkten zu finden, es gibt mehr als ein Dutzend verschiedener Sorten. Aus der hellgelben Sorte Okrong wird zusammen mit Klebreis und Kokoscreme ein wahrhaft königliches Dessert, denn der süß-säuerliche Geschmack der Mangos harmoniert in köstlicher Weise mit dem Klebreis (S. 132). Eis ist in Thailand erst seit einigen Jahren populär, allen voran das Kokoseis. In den Großstädten gibt es inzwischen auch Eis-Cafés, die verschiedene Sorten anbieten. Bei besonderen Gelegenheiten werden die oft sehr süßen traditionellen Desserts aus Tapiokamehl, Eigelb und Kokosmilch angeboten. Kokosmilch darf in den meisten Süßspeisen nicht fehlen. Beliebt sind auch bunt gefärbte Geleespeisen, die an den Ständen der Straßenhändler angeboten werden. Fritierte Bananen- und Ananasstücke werden auch gerne als kleine Zwischenmahlzeit heiß verzehrt.

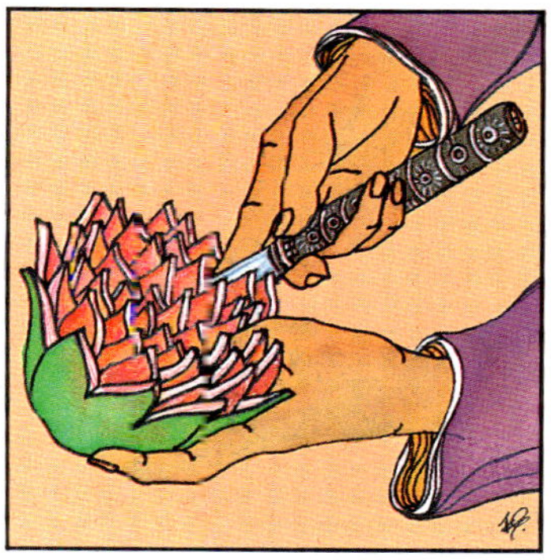

Eingelegte Orangen

Mit Alkohol · Gut vorzubereiten

Som Loy Gäo

Zutaten für 4 Portionen:
4 große Orangen
100 g brauner Zucker
1/8 l Orangenlikör

Zubereitungszeit: 35 Min.
(+ 12 Std. Ruhen)

Pro Portion: 980 kJ/230 kcal

1 Orangen mit einem Messer schälen, auch die weiße Haut gründlich entfernen. Fruchtfleisch in etwa 1 cm dicke Scheiben schneiden, evtl. vorhandene Kerne entfernen.

2 Zucker mit etwa 1/2 l Wasser in einen kleinen Topf geben und bei mittlerer Hitze ohne Deckel etwa 20 Min. unter gelegentlichem Rühren kochen lassen, bis ein dickflüssiger Sirup entstanden ist. Den Topf vom Herd nehmen und den Sirup abkühlen lassen.

3 Orangenscheiben und Orangenlikör in den Sirup geben, alles verrühren, in eine Schüssel umfüllen und über Nacht in den Kühlschrank stellen.

4 Das Dessert sollte mindestens 12 Std. ziehen. Vor dem Servieren evtl. noch etwas Orangenlikör hinzugeben.

Variante: Flambieren Sie dieses Dessert doch einmal mit hochprozentigem, angewärmtem Orangenlikör oder reichen Sie cremiges Orangeneis dazu.

Tip! Sie können das Dessert mit gewaschenen frischen Minzeblättern bestreuen. Das sieht hübsch aus und schmeckt gut.

Honigmelone mit Kokosmilch

Festlich · Gut vorzubereiten

Täng Thai Naam Gatih

Zutaten für 4 Portionen:
1 Honig- oder Kantalupmelone
1/2 Vanilleschote
1 Dose ungesüßte Kokosmilch (400 ml)
5 EL Palmzucker, ersatzweise brauner Zucker

Zubereitungszeit: 20 Min.
(+ 1 Std. Kühlen)

Pro Portion: 560 kJ/130 kcal

1 Melone schälen, längs in Viertel schneiden, Kerne mit einem Löffel entfernen. Die Viertel in mundgerechte Stücke schneiden und etwa 1 Std. in den Kühlschrank stellen.

2 Inzwischen Vanilleschote der Länge nach halbieren und das Mark mit einem spitzen Messer herauskratzen. Vanillemark, Kokosmilch und Palmzucker in einen Topf geben und unter Rühren leicht erhitzen, bis sich der Zucker auflöst. Die Mischung kurz abkühlen lassen und ebenfalls in den Kühlschrank stellen.

3 Gekühlte Melonenstücke in eine Servierschüssel geben, Kokosmilch darüber gießen.

Variante: Mischen Sie unter die Melonenstücke zur Abwechslung eine Dose Maiskörner (340 g), die Sie vorher gründlich waschen sollten.

Tips! Sie können die Melone auch der Länge nach halbieren und mit einem Kugelausstecher Kugeln aus dem Fruchtfleisch herausdrehen. Die Melonenkugeln und die Kokosmilch dann in der Fruchtschale auf zerstoßenem Eis servieren. Sie sollten für dieses Dessert keine Wassermelone verwenden, da sie zu wäßrig in der Konsistenz und im Geschmack ist. Garnieren Sie das Dessert mit gewaschenen Minzeblättern.

Mango mit Klebreis

Aus Bangkok · Braucht etwas Zeit

Khao Niau Muun Mamuang

Zutaten für 4 Portionen:
100 g ungegarter Klebreis
½ Dose ungesüßte Kokosmilch (200 ml)
½ TL Speisestärke
Salz
3 EL Zucker
2 reife asiatische Mangos, ersatzweise reife südamerikanische

Zubereitungszeit: 20 Min. (+ 12 Std. Quellen + 20 Min. Garen)

Pro Portion: 820 kJ/200 kcal

1 Klebreis über Nacht etwa 12 Std. in kaltem Wasser einweichen. Danach in einem Sieb gut abtropfen lassen.

2 Klebreis in einen Topf geben und so viel Wasser dazugeben, daß der Wasserspiegel etwa 1 cm über dem Reis steht. Wasser zum Kochen bringen und Reis zugedeckt bei schwacher Hitze etwa 20 Min. garen, das Wasser soll dabei vollständig vom Reis aufgesogen werden. Reis bei geöffnetem Deckel auskühlen lassen.

3 Von der dickeren Schicht oben auf der Kokosmilch 2 EL abnehmen und in einen Topf geben. Mit Speisestärke, 1 Msp. Salz und etwa 8 EL Wasser glattrühren und einmal aufkochen lassen. Sauce beiseite stellen.

4 Übrige Kokosmilch in einen Topf geben, mit Zucker und 10 EL Wasser vermischen und kurz aufkochen lassen. Vom Herd nehmen, Klebreis hinzufügen und gut unterrühren.

5 Mangos mit einem scharfen Messer schälen, Fruchtfleisch vom Kern lösen und in Scheiben schneiden.

6 Klebreis auf 4 mittelgroße Teller verteilen, Mangoscheiben daneben legen. Über den Klebreis die Kokossauce gießen.

Info: Sie sollten unbedingt versuchen, asiatische Mangos zu bekommen, sie schmecken wirklich köstlich. Mit südamerikanischen Mangos schmeckt das Dessert aber auch gut.

Tapiokamehlstreifen in Sirup

Festlich · Braucht etwas Zeit

Kanum Luamit

Zutaten für 4–6 Portionen:
300 g Tapiokamehl
3 verschiedene Lebensmittelfarben (jeweils ein paar Tropfen)
500 g Zucker
1 Vanilleschote

Zubereitungszeit: 1½ Std. (+ 15 Min. Abkühlen)

Bei 6 Portionen pro Portion: 1900 kJ/450 kcal

1 In einem Topf 1 l Wasser zum Kochen bringen. Tapiokamehl in gleichen Mengen auf 3 Schüsseln verteilen. Von einer Schüssel 2 EL Mehl abnehmen, mit 2 EL kochendem Wasser verrühren. Eine der Lebensmittelfarben unterrühren, nach und nach weitere 6 EL Wasser hinzugeben und glattrühren. Den Rest Tapiokamehl aus der ersten Schüssel unterkneten. Genauso den anderen Teig anrühren.

2 Je aus etwa 1 TL Tapiokamehlteig mit den Händen 5–6 cm lange Rollen formen. Die Röllchen nach Farben getrennt ins kochende Wasser geben und so lange bei mittlerer Hitze leicht kochen lassen, bis sie nach oben kommen. Drei Schüsseln mit kaltem Wasser bereitstellen. Die Röllchen mit einem Schaumlöffel herausnehmen und sofort getrennt in die Wasserschüsseln legen.

3 In einem Topf 400 ml Wasser mit Zucker etwa 20 Min. köcheln lassen. Vanillemark zum Zuckersirup geben. Die Mischung abkühlen lassen.

4 Tapiokamehlstreifen mit einem Schaumlöffel aus dem Wasser heben, abtropfen lassen und in Schüsseln anrichten. Zuckersirup darüber gießen und servieren.

Pochierte Kokoscreme

Aus Südthailand · Braucht etwas Zeit

Sang Kajah Nah Gati

Zutaten für 4–5 Portionen:
10 Eier
1 Dose ungesüßte Kokosmilch (400 ml) + 1 kleine Dose ungesüßte Kokosmilch (165 ml)
500 g Palmzucker, ersatzweise brauner Zucker
2 EL Reismehl
¼ TL Salz
Spritzbeutel mit Sterntülle

Zubereitungszeit: 25 Min. (+ 50 Min. Garen + 1 Std. Abkühlen)

Bei 5 Portionen pro Portion: 2100 kJ/500 kcal

1 Eier gut miteinander verquirlen. In einer anderen Schüssel die große Dose Kokosmilch mit Palmzucker gründlich verrühren, so daß eine zähflüssige Masse entsteht. Eier hinzufügen und langsam unterrühren. Schaum an der Oberfläche mit einem Löffel vorsichtig abnehmen (sonst wird die Creme löchrig), dann die Masse in 4–5 Portionsförmchen füllen.

2 Backofen auf 150° (Gas Stufe 1) vorheizen. Förmchen in eine Saftpfanne oder eine große Auflaufform stellen. Saftpfanne oder Auflaufform vorsichtig bis etwa 1 cm unter dem Förmchenrand mit warmem Wasser auffüllen und in den Backofen (Mitte) geben. Eiermasse in etwa 50 Min. stocken lassen. Anschließend abkühlen lassen.

3 Inzwischen die kleine Dose Kokosmilch mit Reismehl und Salz gut verrühren, in einem kleinen Topf unter ständigem Rühren aufkochen lassen und bei mittlerer Hitze etwa 2 Min. köcheln lassen, bis eine Creme entstanden ist. Abkühlen lassen, in einen Spritzbeutel mit Sterntülle füllen und die Kokoscreme damit garnieren.

Info: Bei dieser Creme ist Ei das Bindemittel. Durch die Wärme stocken die Eier, und die Kokoscreme wird fest. Das Wasserbad darf keinesfalls kochen, da die Creme dann löchrig wird.

Tip! Servieren Sie die Kokoscreme entweder lauwarm oder gut gekühlt.

Kokosnuß

Auf riesigen Plantagen wachsen in Thailand Kokosnüsse, die auf sehr vielfältige Weise in der Küche verwendet werden. Kokosmilch ist die aus dem geriebenen Fruchtfleisch reifer Kokosnüsse und Wasser gewonnene Flüssigkeit, die für sehr viele Gerichte benötigt wird. Da Kokosnüsse bei uns recht teuer sind und die Herstellung der Kokosmilch etwas mühsam ist, sollten Sie besser die qualitativ sehr gute Kokosmilch aus der Dose nehmen. Oben setzt sich durch längeres Stehen eine dicke Schicht ab, diese wird ebenfalls verwendet. Es gibt die Dosen in allen Asien-Läden und auch einigen gut sortierten Supermärkten. Achten Sie beim Einkauf der Dosenkokosmilch darauf, daß der Inhalt ungesüßt ist, denn die gesüßte Kokosmilch eignet sich nur zur Herstellung einiger weniger Desserts und für Drinks.

Aus keimenden Kokosnüssen entwickeln sich später prächtige Palmen.

Bananen im Teigmantel

Festlich · Geht schnell

Gluei Tod

Zutaten für 4 Portionen:
2 große Bananen
50 g Tempuramehl
1 EL Zucker
Salz
3 EL Kokosflocken
1 EL helle Sesamsamen
1 l Pflanzenöl
4 EL flüssiger Honig

Zubereitungszeit: 20 Min.

Pro Portion: 2100 kJ/500 kcal

1 Bananen schälen, der Länge nach halbieren und jede Hälfte noch einmal quer in 2 gleich große Teile schneiden.

2 Tempuramehl mit knapp ⅛ l Wasser, Zucker und 1 Prise Salz in einem tiefen Teller so anrühren, daß ein zähflüssiger Teig ohne Klumpen entsteht. Kokosflocken und Sesamsamen hinzugeben und alles gut verrühren.

3 Öl in einem großen Topf erhitzen. Es ist heiß genug, wenn an einem hölzernen Kochlöffelstiel, den Sie ins heiße Fett tauchen, kleine Bläschen aufsteigen. Bananenstücke im Teig wenden und portionsweise im schwimmenden Fett bei starker Hitze in etwa 2 Min. goldbraun ausbacken.

4 Mit einem Schaumlöffel aus dem Öl heben, gut abtropfen lassen und auf Küchenpapier entfetten. Bananen auf einer Platte anrichten, mit Honig beträufeln und servieren.

Info: Sie sollten unbedingt Tempuramehl für dieses Dessert nehmen, da es mit anderem Mehl, z.B. Weizenmehl, völlig anders schmeckt.

Klebreis mit Longane

Aus Nordthailand · Braucht etwas Zeit

Khao Niau Piak Lamjai

Zutaten für 4 Portionen:
160 g ungegarter Klebreis
1 Dose Longane-Früchte (etwa 560 ml)
250 g Zucker
1 kleine Dose Kokosmilch (etwa 165 ml)
½ TL Salz

Zubereitungszeit: 45 Min. (+ 40 Min. Einweichen + 30 Min. Garen)

Pro Portion: 1900 kJ/450 kcal

1 Klebreis in lauwarmem Wasser etwa 40 Min. einweichen, anschließend in ein Sieb schütten und abtropfen lassen. Longane-Früchte abtropfen lassen, den Sirup dabei auffangen, in ein Litermaß gießen und mit so viel Wasser aufgießen, daß es 700 ml Flüssigkeit ergibt.

2 Klebreis mit Longanesaft in einen Topf geben, einmal aufkochen lassen und bei mittlerer Hitze etwa 30 Min. köcheln lassen, bis die Mischung dickflüssig ist.

3 Longane-Früchte und Zucker dazugeben und unterrühren. Anschließend das Dessert in einer Schüssel anrichten.

4 Kokosmilch in einem kleinen Topf mit Salz erhitzen, unter ständigem Rühren einmal aufkochen lassen und über die lauwarme Klebreis-Longane-Mischung geben.

Variante: Anstelle der Longane-Früchte können Sie auch einmal die gleiche Menge Maiskörner aus der Dose nehmen. Die Dosenflüssigkeit sollten Sie aber nicht verwenden, sondern lieber 700 ml Wasser zum Reiskochen verwenden.

Tip! Etwa von Juli bis September werden in Thailand die Longane-Früchte geerntet, dann gibt es sie kurze Zeit auch frisch im Asien-Laden. Wenn Sie dieses Rezept mit frischen Longane probieren wollen, müssen Sie sie schälen und entkernen und den Sirup durch Wasser ersetzen.

Typische Speisenkombinationen

Hier finden Sie einige typische Speisenzusammenstellungen, die in Thailand gerne gegessen werden. Die Thailänder lieben es sehr, möglichst viele verschiedene Gerichte gleichzeitig zu essen, das macht »Sanuk«, Spaß. So sollte eine große Anzahl unterschiedlicher Speisen auf dem Tisch stehen, außerdem sollten möglichst viele Personen anwesend sein. Es gibt bei einem Thai-Mahl keine streng vorgeschriebenen Gänge und keine Tischordnung, für Neulinge gleicht die Tafel eher einem ungeordneten Durcheinander. Bedenken Sie, daß die Thais immer eher zuviel servieren als zuwenig. Die Anzahl der Gerichte ist danach berechnet, daß immer etwas übrigbleibt, da ein Thai sonst als geizig gelten würde – eine Riesenschande in Thailand! Um Ihnen die Planung zu erleichtern, finden Sie hier einige Vorschläge, die aber nicht zu starr gesehen werden sollten. Kombinieren, variieren Sie selbst, probieren Sie – entdecken Sie das breite Geschmacksspektrum der thailändischen Küche. Speisen, die in diesem Buch nicht als Rezepte auftauchen, die Sie aber kaufen oder ganz leicht selbst herstellen können, sind mit einem Sternchen versehen.

Schnelle Kombinationen:
Hühnersuppe mit Zitronengras 52
Reis mit Meeresfrüchten 80
Bananen im Teigmantel 136

Suppe mit gefüllten Gurken 61
Reis mit gelbem Currypulver 82
Papayasalat 92

Fischsuppe mit Kokosmilch 57
Hühnerbrust mit Ingwer 101
Pikante Garnelen 46

Schweinefilet mit Ananas 74
Rindfleisch mit grünem Pfeffer 66
Rindfleisch mit Austernsauce 64
Garnelen mit grünem Spargel 124
Hühnerfleisch in Currysauce 105

Mittagessen:
Frühlingsrollen 40
Reis mit Meeresfrüchten 80
Frisches Obst*

Gebackene Garnelen 50
Nudelsuppe mit rotem Fleisch 53

Frühlingsrollen 40
Reis mit gelbem Currypulver 82

Hühnerbrust auf Salatblättern 48
Huhn mit Ingwersauce 106
Thailändischer Duftreis 82

Gedeckte Reispapierplätzchen 45
Reis mit Garnelen 78
Honigmelone mit Kokosmilch 130

Fleischspießchen 73
Eiernudeln mit Sojasprossen 85

Fleischbällchen auf Ananas 42
Pfannengerührte Nudeln 87

Pikante Garnelen 46
Nudelsuppe mit rotem Fleisch 54
Frisches Obst*

Gedeckte Reispapierplätzchen 45
Reisnudeln mit Tintenfisch 84

Kombinationen, die sich gut vorbereiten lassen:
Drei-Freunde-Curry 78
Hühnerbrust mit Sesam 109
Gebratene Ente 111
Thailändischer Duftreis 82
Grünes Rindfleischcurry 70
Garnelen mit grünem Spargel 124
Pikanter Hühnerbrustsalat 90
Süß-saure Fleischbällchen 75
Thailändischer Duftreis 82
Eingelegte Orangen 130

Hühnerfleisch in Currysauce 105
Schweinefilet mit Ananas 74
Huhn mit Ingwersauce 106
Pfannengerührtes Gemüse 94
Thailändischer Duftreis 82
Pochierte Kokoscreme 134

Kombinationen für 6–8 Personen:
Grünes Rindfleischcurry 70
Hühnerbrust mit Sesam 109
Gebackene Garnelen 50
Thailändischer Duftreis 82

Schweinefilet mit Ananas 74
Rindfleisch mit Austernsauce 64
Hühnerfleisch in Currysauce 105
Thailändischer Duftreis 82

Pikante Garnelen 46
Fischsuppe mit Kokosmilch 57
Süß-saure Fleischbällchen 75
Rindfleisch mit grünen Bohnen 67
Thailändischer Duftreis 82
Klebreis mit Longane 136

Rotes Entencurry 111
Süß-saure Fleischbällchen 75
Pfannengerührtes Gemüse 94
Thailändischer Duftreis 82
Frisches Obst*

Scharfer Garnelen-Dip 37
Gemüseplatte mit Dip 96
Garnelen mit Knoblauch 126
Suppe mit gefüllten Gurken 61
Thailändischer Duftreis 82
Bananen im Teigmantel 136

Familienessen für etwa 6 Personen:
Pikanter Hühnerbrustsalat 90
Butterfisch mit Limettensauce 117
Thailändischer Duftreis 82

Gelbes Rindfleischcurry 68
Garnelen mit grünem Spargel 124
Fischfilet in Bananenblättern 121
Thailändischer Duftreis 82
Frisches Obst*

Hühnersuppe mit Zitronengras 52
Shrimp-Pasten-Dip 35
Gemüseplatte mit Dip 96
Thailändischer Duftreis 82

Hühnerfleisch in Currysauce 105
Surimi mit Sellerie 126
Süß-saure Hühnerbrust 102
Thailändischer Duftreis 82
Honigmelone mit Kokosmilch 130

Drei-Freunde-Curry 78
Hühnerbrust mit Ananas 100
Garnelen mit Knoblauch 126
Thailändischer Duftreis 82

Kombinationen für Feste (10–15 Personen):
Pikanter Hühnerbrustsalat 90
Scharfe Rindfleischsuppe 58
Garnelen mit grünem Spargel 124
Surimi mit Sellerie 126
Thailändischer Duftreis 82
Mango mit Klebreis 132

Butterfisch mit Limettensauce 117
Hühnerbrust mit Ananas 100
Rindfleisch mit Austernsauce 64
Schweinefleisch mit Bambus 76
Thailändischer Duftreis 82

Hühnersuppe mit Zitronengras 52
Süß-saure Fleischbällchen 75
Rindfleisch mit grünen Bohnen 67
Garnelen mit Knoblauch 126
Thailändischer Duftreis 82
Rindfleisch in Currysauce 64
Süß-saure Hühnerbrust 102
Schweinefilet mit Ananas 74
Pfannengerührtes Gemüse 94
Thailändischer Duftreis 82
Eingelegte Orangen 130

Rindfleischsalat mit Koriander 89
Pfannengerührtes Gemüse 94
Hühnerbrust mit Ananas 100
Gelbes Rindfleischcurry 68
Thailändischer Duftreis 82

Rinderhackfleisch-Salat 88
Fischsuppe mit Kokosmilch 57
Hähnchen in Kokosmilch 105
Hühnerbrust mit Ananas 100
Thailändischer Duftreis 82
Frisches Obst*

Gebackene Garnelen 50
Rindfleisch mit grünem Pfeffer 66
Hühnchenfleisch mit Mais 108
Schweinefilet mit Ananas 74
Thailändischer Duftreis 82

Hühnersuppe mit Zitronengras 52
Rindfleisch mit Austernsauce 64
Rindfleisch mit grünen Bohnen 67
Gegrillte Forelle 116
Thailändischer Duftreis 82
Honigmelone mit Kokosmilch 130

Festessen für besondere Anlässe (für etwa 15 Personen):
Gebackene Garnelen 50
Schweinefleisch mit Bambus 76
Hühnerbrust mit Ananas 100
Fischfilet in Bananenblättern 121
Pfannengerührtes Gemüse 94
Thailändischer Duftreis 82
Bananen im Teigmantel 136

Garnelen mit Knoblauch 126
Rindfleisch in Currysauce 64
Gegrillte Forelle 116
Pfannengerührtes Gemüse 94
Thailändischer Duftreis 82
Klebreis mit Longane 136

Grünes Rindfleischcurry 70
Ente mit Tamarinde 112
Fischfilet in Bananenblättern 121
Thailändischer Duftreis 82
Eingelegte Orangen 130

Gedeckte Reispapierplätzchen 45
Feurige Garnelensuppe 56
Rindfleisch in Currysauce 64
Hühnerbrust mit Ingwer 101
Schweinefilet mit Ananas 74
Thailändischer Duftreis 82
Eingelegte Orangen 130

Das thailändische Buffet
Die Thailänder feiern sehr oft und gerne, am liebsten im großen Kreis. Da die Feste oft mehrere Stunden oder sogar den ganzen Tag dauern, gibt es meist ein Buffet mit kalten und warmen Speisen.

Frühlingsrollen 40
Gedeckte Reispapierplätzchen 45
Pikante Garnelen 46
Pikanter Hühnerbrustsalat 90
Rindfleischsalat mit Koriander 89
Tintenfischsalat 90
Fischsuppe mit Kokosmilch 57
Scharfe Rindfleischsuppe 58
Hühnersuppe mit Zitronengras 52
Rindfleisch mit Austernsauce 64
Grünes Rindfleischcurry 70
Hühnerfleisch in Currysauce 105
Rindfleisch in Currysauce 64
Gebratene Ente 111
Hühnerbrust mit Ananas 100
Garnelen mit grünem Spargel 124
Garnelen mit Knoblauch 126
Eingelegte Orangen 130
Honigmelone mit Kokosmilch 130
Tapiokamehlstreifen in Sirup 132
Bananen im Teigmantel 136

Glossar

Ananas: S. 43

Aubergine: In Thailand gibt es viele Auberginensorten. Die ganz kleinen Früchte, die wie Erbsen aussehen, werden im Ganzen zu den fast fertigen Speisen gegeben. Die weißen, gelben oder grünen Früchte (Makūa Plo), die so groß wie Tischtennisbälle sind, halbiert oder viertelt man vor dem Kochen. Natürlich gibt es auch die violetten, großen Sorten.

Austernsauce: Eine braune salzige Sauce, die aus Austernextrakt, Salz und Sojasauce hergestellt wird. Sie bekommen sie im Asien-Laden.

Bambussprossen: S. 77

Bananenblätter: Manche Speisen, z.B. Fisch, werden zum Garen in Bananenblätter gewickelt. Frische Bananenblätter gibt es im Asien-Laden.

Basilikum: S. 71

Braune Bohnensauce (Tao Djiauh): Sie wird aus fermentierten gelben Sojabohnen, gemischt mit Mehl, Essig, Gewürzen und Salz, hergestellt. Im Asien-Laden gibt es die Bohnensauce in Flaschen oder Gläsern. Sie ist sehr nahrhaft, hat ein starkes Aroma und ist recht salzig; deshalb ersetzt sie in einigen Gerichten das Salz.

Cashewnüsse: Eine süße, nierenförmige Nuß. Die Nüsse des Cashewbaumes werden ähnlich einer Walnuß zweimal geschält. Verwenden Sie ungesalzene Nüsse.

Chilipulver: Wird aus getrockneten und anschließend gemahlenen Chilischoten hergestellt. Vorsicht: Frisches Chilipulver ist höllisch scharf, es verliert aber im Laufe der Lagerung die Schärfe und auch die leuchtend rote Farbe.

Chilisauce: Scharfe Würzsauce aus Chilischoten, Zucker und Essig, die zum Abschmecken der Gerichte oder als Tischsauce verwendet wird.

Chilischoten: S. 31

Chinesische Champignons: → Tongku-Pilze

Chinesische Petersilie: → Koriander

Currypasten: Würzpasten, die zu Nudeln, Reis- und Gemüsegerichten gereicht werden (S. 26–28).

Currypulver: Gewürzmischung aus bis zu 20 getrockneten Gewürzen, z.B. Gelbwurz, Cayennepfeffer, Ingwer, Kreuzkümmel, Zimt- und Nelkenpulver.

Duftreis: S. 81

Durian-Frucht: Eine kopfgroße, stachelige Frucht, die von den Thais liebevoll Königin der Früchte genannt wird. Sie hat einen stechenden, käseartigen Geruch und ist daher nicht jedermanns Sache.

Eiernudeln: Spaghettidünne Nudeln aus Weizenmehl und Eiern. In der Thai-Küche werden sie für Nudelsuppen und pfannengerührte Nudelgerichte verwendet.

Erdnuß: Eigentlich keine Nuß, sondern eine Bohne, die an 70 cm hohen Pflanzen wächst. Die Früchte entwickeln sich unter der Erde, daher der Name. In der Thai-Küche werden Erdnüsse geröstet und gesalzen verwendet.

Essig: Die Thailänder verwenden chinesischen Reisessig, da er weniger Säure hat als Weinessig. Ersatzweise können Sie kleine Mengen Weinessig oder eine mildere Sorte verwenden, z.B. italienischen Balsamico-Essig.

Fischsauce: Eine wichtige Würzsauce, die aus Fisch- und Krabbenkonzentrat hergestellt wird. Ersetzt in vielen Gerichten das Salz (S. 66).

Frühlingszwiebel: Diese Zwiebelsorte gehört zu den feinsten Arten. Die Zwiebel wird nur etwa 4 cm dick. Von der Frühlingszwiebel werden auch der weiße Schaft und die hohlen Blätter gegessen.

Galgant: S. 52

Garnelenpaste: Es gibt sie in verschiedenen Farben und Konsistenzen: Die Farbskala geht von rosa bis braun, die Konsistenz von weich bis hart. Die Paste hat einen äußerst intensiven Geruch und sollte in einem fest verschlossenen Gefäß aufbewahrt werden.

Glasnudeln: Feine Nudeln, die aus Mungobohnenmehl hergestellt werden. Vor der Verwendung müssen sie etwa 10 Min. in Wasser quellen.

Guave: Wird in Thailand gerne als Zwischenmahlzeit gegessen. Noch unreife Früchte tunken die Thais in Salz oder Zucker.

Horapha-Basiikum: → Basilikum (S. 71)

Ingwer: Die Ingwerwurzel wird in Thailand für viele Gerichte und Nachspeisen verwendet. Bekannt ist ihre verdauungsfördernde Wirkung. Frischen Ingwer erkennen Sie an der prallen Wurzel ohne Runzeln. Im Gemüsefach im Kühlschrank in ein feuchtes Tuch eingeschlagen oder mit feuchten Sand bedeckt, läßt er sich einige Zeit aufbewahren.

Kaffir-Zitrone: Diese Zitronenart ist grün, hat eine runzelige Schale und wenig Saft. In erster Linie werden Schale und Blätter verwendet. Die Blätter haben durch den hohen Gehalt an ätherischen Ölen ein kräftiges Aroma. Für Currypasten unentbehrlich.

Klebreis: S. 81

Knoblauch: Wird in der Thai-Küche verschwenderisch verwendet. Thailändischer Knoblauch ist kleiner und milder als europäischer, läßt sich aber problemlos durch unseren ersetzen.

Kokosnuß: S. 135

Koriander: S. 47

Krachai: Thailändische Ingwerart mit kleinen, dünnen, länglichen Wurzeln. Wird bei bestimmten Fischgerichten verwendet. Krachai ist milder als Ingwer und Galgant.

Kreuzkümmel: Wird oft mit Kümmel verwechselt, ist aber etwas völlig anderes und kann auch nicht durch gewöhnlichen Kümmel ersetzt werden. Schmeckt etwas bitter und leicht nach Pfeffer. Verwenden Sie am besten Kreuzkümmelkörner aus dem Asien-Laden, sie haben mehr Aroma als gemahlener Kreuzkümmel.

Limette: Diese kleinen saftigen Früchte mit dünner grüner Schale werden in Thailand sehr gerne in der Küche verwendet oder dem Gast zu manchen Gerichten, z.B. gebratenem Reis, gereicht. Limetten haben etwa doppelt so viel Saft wie Zitronen und sind milder und aromatischer.

Longane: Haselnußgroße Frucht, im Geschmack ähnlich wie Litschi. Wächst in Thailand vor allem in der Gegend um Chiang Mai. Bei uns selten frisch erhältlich, gute Dosenware gibt es im Asien-Laden.

Maiskölbchen: Für Pfannengerichte verwendet man die frischen, kleinen Maiskölbchen, die entweder ganz oder der Länge nach halbiert gegessen werden. Verwenden Sie keine in Essig eingelegten Maiskölbchen, sie sind zu sauer.

Maismehl: Wird zum Binden von Saucen verwendet.

Mango: Die thailändischen Mangos gehören zu den köstlichsten überhaupt. Unreif werden sie zu Salat, reif zu tropischen Desserts verarbeitet.

Mangostane: Kugelförmige Beerenfrucht mit rotbrauner bis violetter Schale und schneeweißem Fruchtfleisch, das süßsäuerlich und sehr erfrischend schmeckt. Wird vor allem in Südthailand angebaut.

Mekong: Preiswerter und weit verbreiteter thailändischer Whisky aus Reis, der meist mit Soda verdünnt getrunken wird.

Mu-Err-Pilze: Sie werden nur getrocknet angeboten und quellen in Wasser um ein vielfaches auf. Sie werden zu Suppen und zu anderen Gerichten verwendet und sollten vorher in mundgerechte Stücke zerschnitten werden.

Öl: In Thailand wird hauptsächlich Erdnuß-, Soja- oder Kokosöl zum Braten verwendet. Benutzen Sie geruchs- und geschmacksneutrales Pflanzenöl, also kein Olivenöl, das schmeckt zu intensiv.

Palmzucker: Wird aus dem Saft einer bestimmten Zuckerpalme (Palmyrapalme) gewonnen und hat eine hellgelbe bis braune Farbe. Er ist nicht so süß wie weißer Zucker und schmeckt leicht nach Karamel. In Asien-Läden ist dieser Zucker in Dosen oder zu Plätzchen gepreßt erhältlich. Falls Sie ihn nicht bekommen, können Sie braunen Zucker nehmen.

Papaya: S. 93

Peperoni: Heißt auf deutsch Gewürzpaprika, ist verwandt mit Gemüsepaprika, aber kleiner und schmaler, außerdem äußerst scharf durch das Capsaicin. Der Großteil der Ernte wird getrocknet und gemahlen zur Herstellung des Paprika-Gewürzes verwendet.

Pfeffer: An den bis zu 15 m hohen Pfeffersträuchern wachsen 7–10 cm lange Fruchtstände mit 20–30 beerenartigen Früchten heran, die zuerst grün und dann, wenn sie reif sind, hellrot werden.

Pomelo: Gilt als thailändische Version der Pampelmuse, eher süß als sauer. Das Fruchtfleisch ist gelb bis rot und sehr saftig.

Rambutan: Tropische Frucht mit einer knallroten, mit Stacheln besetzten Schale, das Fruchtfleisch ist ähnlich wie von Litschi und → Longane. Vom Geschmack der Weintraube ähnlich. Selten frisch erhältlich, da sie schlecht lagerfähig ist.

Reis: S. 81

Reismehl: Fein gemahlenes Mehl aus Langkornreis, das zum Binden von Saucen verwendet wird. Kann auch anstelle von Maismehl genommen werden.

Reismehlpapier: Dünne, hellgelbe Teigblätter, die tiefgefroren angeboten werden. Einzelne Hüllen vom Stapel abziehen und sofort verwenden, da sie sonst austrocknen. Sie können gut wieder eingefroren werden.

Reiswein: Japanischer Reiswein, der zum Kochen verwendet oder heiß aus kleinen Porzellanschalen getrunken wird. Beim Kochen kann er durch trockenen Sherry ersetzt werden.

Schalotten: Schalotten sind kleine, meist rötliche Zwiebeln, die feiner und milder als herkömmliche Zwiebeln sind. Sie lassen sich aber durch diese ersetzen.

Schlangenbohnen: Sie werden auch Schnurbohnen genannt, werden bis zu 90 cm lang und können durch grüne Bohnen ersetzt werden.

Sesamöl: Würzöl mit kräftigem Geschmack, das aus gerösteten Sesamsamen hergestellt wird.

Sesamsamen : Geschälte Sesamsamen entwickeln das Aroma erst durch Rösten. Vorsicht: Die Körner verbrennen leicht, wenn sie zu heiß werden. Pfanne beim Anrösten immer bewegen.

Sojabohnensprossen: Die Keimlinge gibt es bei uns das ganze Jahr entweder offen oder in Beuteln verpackt. Der hohe Vitamin-C-Gehalt geht nicht verloren, wenn man sie erst zum Schluß zum Gericht gibt und nur ganz kurz mitkocht. Dosenware ist nicht so knackig.

Sojasauce: In Thailand wird gerne die helle Sojasauce (Sii Iuh Kao) von hellbrauner Farbe verwendet, da die Gerichte ihre Farbe beibehalten. Die dunkle Sojasauce (Sii Iuh Damm) ist im Geschmack intensiver und kann außerdem viel Zucker enthalten.

Tamarinde: S. 113

Tapiokamehl: Stärkehaltiges Mehl, das aus unterschiedlichen tropischen Wurzelknollen hergestellt wird, meist aus der Maniokwurzel.

Tempuramehl: Dies ist ein stärkehaltiges Mehl, ähnlich unserem Kartoffelmehl. Mit Wasser verrührt wird es zum Andicken von Saucen oder für den berühmten Teigmantel verwendet.

Tofu: Tofu ist ein pflanzliches Produkt, das aus Sojabohnen hergestellt wird. Es gibt in Thailand mehrere Sorten, und zwar festen und weichen, gelben, weißen und fermentierten, gesalzenen und ungesalzenen. Tofu gibt es im Asien-Laden, aber auch in Reformhäusern.

Tongku-Pilze (Shiitake): Aromatische Pilze, die äußerlich dunklen Champignons ähneln, gibt es getrocknet und ab und zu auch frisch.

Wan-Tan-Teig: Fertige quadratische Teigplatten von etwa 10 cm Kantenlänge, die im Asien-Laden tiefgefroren angeboten werden. Sie eignen sich besonders zum Füllen mit Farcen und werden meist für Suppen und Vorspeisen verwendet.

Zitronenblätter: S. 58

Zitronengras: S. 58

Abkürzungen:
TL = Teelöffel
EL = Eßlöffel
Msp. = Messerspitze
kJ = Kilojoule
kcal = Kilokalorie

Rezept- und Sachregister

Umschlag-Vorderseite: Das Bild zeigt Süß-saure Hühnerbrust (S. 102)

Die Bilder ohne Bildunterschriften zeigen: Die Fotos auf S. 4: Mönche in Bangkok (oben), Geschlossene Lotusblumen (Mitte), Buddhas im Wat Mahathat-Tempel in Bangkok (unten). Das Foto auf S. 4/5: Eine thailändische Hochzeit. Die Fotos auf S. 5: Drachen im Wat Kukut-Tempel in Chiang Mai (oben), Mönch im Garten des Mat Hua Wang (Mitte), Schwimmende Lotusblumen in Sukhothai (unten).

Das Foto auf S. 8/9 zeigt Thailands pulsierendsten schwimmenden Markt in Damnoen Saduak.
Umschlag-Rückseite: Das Bild zeigt den Thewes-Markt in Bangkok.

Thidavadee Camsong
Sie wurde 1963 in Ratchaburi, Thailand, geboren. Nach dem Abitur studierte sie Marketing an der renommierten »Siam Commerce School« in Bangkok. Nebenher erlernte sie die klassische thailändische Küche im Restaurant ihrer Mutter. Nach dem Examen arbeitete sie als Verkaufs-Managerin in einem Bangkoker Reisebüro. Seit ihrer Heirat mit einem Deutschen 1989 lebt sie in Deutschland. Sie gibt Kochkurse für thailändische Küche an der Volkshochschule. Einmal im Jahr fliegt sie in ihre Heimat, sammelt neue Rezepte oder nimmt an einem Fortbildungskurs für thailändische Küche im weltberühmten Oriental-Hotel in Bangkok teil. Thidavadee Camsong spielt klassische Musik auf dem Instrument »khim«, mit dem sie in Deutschland bei thailändischen Festen auftritt und ihr Heimatland repräsentiert.

Foodphotography Eising
Peter A. Eising und Susanne Eising haben sich ausschließlich auf Food-Fotografie spezialisiert. In ihrem Studio für Lebensmittelfotografie entstehen anspruchsvolle Food- und Getränkeaufnahmen. Zum Kundenkreis gehören Werbeagenturen und Industrieunternehmen, Zeitschriftenredaktionen und Kochbuchverlage.
An das Fotostudio ist eine Bildagentur mit Sitz in München und der Schweiz angeschlossen – selbstverständlich mit dem Hauptthema Food.
Martina Görlach ist im Studio für die Requisite zuständig und wirkt auch bei der fotografischen Gestaltung mit.

Heike Czygan
Sie studierte vier Jahre Sinologie und verbrachte mehrere Monate in China. Schon immer war sie von den asiatischen Ländern fasziniert. In München machte sie eine Ausbildung für Grafik und Design, heute ist sie als Illustratorin und Grafikerin bei einem bekannten Münchner Verlag tätig. Die Illustrationen in diesem Buch sind mit farbiger Tusche gemacht.

Bildnachweis
Die Fotografen der Bilder im Inhaltsverzeichnis, des Kapitels »Land und Leute laden ein...« und der Produktinformationen nachstehend in alphabetischer Reihenfolge:
Bildagentur J. Dziemballa, München: Imhof S. 135/Lahr S. 21 oben
Bildagentur Eising: S. 47, 72, 113
Peter Lüffe: S. 4/5 (2), S. 13 (oben), S. 20 (Mitte), S. 21 (unten), S. 52, 76, S. 97
H. Rademacker: S. 20 (oben), S. 21 (unten), S. 23 (unten)
T. Stankiewitz: S. 17 (oben), S. 22 (oben)
Martin Thomas: S. 4/5 (5), S. 10, S. 11(2), S. 12, S. 13 (unten), S.14 (oben), S. 15 (oben), S. 16, S. 17 (links unten), S. 18 (2), S. 19, S. 23 (oben), S. 31, 43, 58, 81, 93

Die Deutsche Bibliothek – CIP-Einheitsaufnahme
Thidavadee Camsong:
Thailand: Originalrezepte und Interessantes über Land und Leute/Thidavadee Camsong. – 1. Aufl. – München: Gräfe und Unzer 1993
(Küchen der Welt)
ISBN: 3-7742-1946-X
NE: HST

1. Auflage 1993

Redaktion: Dr. Stephanie von Werz-Kovacs und Birgit Rademacker
Lektorat: Katharina Lisson
Versuchsküche: Marianne Obermayr, Doris Leitner
Illustrationen: Heike Czygan
Rezeptfotos: Foodphotography Eising
Foodstyling: Duan Osbar
Herstellung: BuchHaus.Kraxenberger.Gigler.GmbH
Gestaltung: Konstantin Kern
Kartografie: Huber
Reproduktionen: Fotolito Longo, Bozen
Druck und Bindung: A. Mondadori Editore, Verona

ISBN: 3-7742-1946-X